신약 사본과 인쇄본 이야기

신약성서,
우리에게 오기까지

신약 사본과 인쇄본 이야기

신약성서,

우리에게 오기까지

| 민경식 |

대한기독교서회

신약성서, 우리에게 오기까지

–신약 사본과 인쇄본 이야기–

2008년 5월 30일 초판 1쇄
2026년 2월 25일 초판 12쇄

지은이/민경식
펴낸이/김보현
펴낸곳/대한기독교서회
편집책임/권오인 · 이혜자 · 김정수

등록/1967년 8월 26일 제1967–000002호
주소/서울시 강동구 성내로 16(성내동)
전화/편집 553–0873~4 영업 553–3343
팩스/편집 3453–1639 영업 555–7721
e-mail/editor@clsk.org
http://www.clsk.org

책번호/1482
ISBN 978–89–511–1037–5 03230

The Christian Literature Society of Korea, Seoul
Printed in Korea

*책값은 뒤표지에 있습니다.

○ 들어가기에 앞서

짐짓 심각한 목소리로 "우리가 읽는 성서 본문이 사실은 원래의 것이 아닙니다."라는 말을 던지면, 사람들은 대략 세 가지 정도의 반응을 보인다. 첫 번째 부류의 사람들은 "아, 그래요?"라는 말 한 마디 외에는 더 이상의 반응이 없다. 지금 우리가 읽고 있는 성서 본문이 원문인지, 아니면 변개된 본문인지, 그런 데에 별로 관심이 없는 것이다. 물론 기독교인들 가운데서도 이런 부류의 사람들이 더러 있다. 그들은 성서의 본문이 원문이든 아니든 크게 상관하지 않는다.

두 번째 부류의 사람들은 "설마 그럴 리가요? 말도 안 돼요."와 같은 반응을 보인다. 이들은 마태복음 5장 17-18절의 말씀을 내세운다.

> 내가 율법이나 예언자들의 말을 폐하러 온 줄로 생각하지 말아라. 폐하러 온 것이 아니라, 완성하러 왔다. 내가 진정으로 너희에게 말한다. 천지가 없어지기 전에는 율법은 일점 일획도 없어지지 않고, 다 이루어질 것이다. —『새번역』

여기서 "율법"은 성서를 가리키며,[1] "일점 일획도 없어지지 않고"라는 말은 성서의 완전함, 즉 성서의 본문은 결코 변할 수 없다는 사실을 증언하는 것이라고 주장한다. 물론 성서는 일점 일획도 없어지지 않을 것이다. 그런데 일점 일획도 없어지지 않는다는 말의 의미는 무엇일까? 필자가 직접 대답을 제시하지 않더라도 성서가 지금 우리에게 어떻게 전해졌는지 그 전승의 역사를 이해하게 된다면, 누구든지 이 문제에 대한 올바르고 건전한 해답을 얻을 수 있으리라 기대한다.

세 번째 부류의 사람들은 "그런 당연한 사실을 그렇게 심각한 얼굴로 말할 필요가 있나요?"라며 시큰둥한 표정을 짓는다. 이런 대답을 하는 사람들은 성서의 원본, 즉 성서 기자가 최초로 썼던 그 자필원고가 더 이상 남아 있지 않다는 사실을 잘 알고 있는 사람들이다. 그들은 단지 원본을 베낀 것, 아니 그 베낀 것을 베끼고 또 베끼고, 그것을 다시 베낀 사본만이 그나마 오래된 것으로 남아 있다는 사실을 잘 알고 있기 때문에, 우리가 성서의 원문을 알 수 없다는 말에 전혀 충격을 받지 않는다. 사실 수많은 신약성서 사본들 가운데 어느 것 하나도 서로 똑같은 것은 없다. 그 거룩한 문서가 인간 필사자들의 손을 거치며 전달되었으니, 필사 과정에서 일어나는 수많은 오류들이 사본들마다 넘쳐나는 것은 당연하다.

필자는 이 책에서 신약성서 사본들에 얽힌 여러 이야기와 그 사본들을 토대로 소위 '원문'이라고 하는 것을 재구성하려는 여러 시도에 관한 이야기들을 엮어나가고자 한다. 신약성서 사본학[2]과 신약성서 본문비평[3]에 대한 개론적인 소개를 전개할 것인데, 2006년 2월부터 같은 해 7월까지 월간지 「기독교사상」에 연재한 글들을 토대로 하였다. 그러나 이것을 크게 수정하고 확대하였다. 신약성서 사본학과 본문비평에 대한 전문지식을 가지고 있지 않은 독자라 할지라도 이 책을 첫 장부터 꼼꼼하게 읽다 보면, 큰 어려움 없이 이해할 수 있도록 구성하였다. 그러나 이 책은 일반적인 신약성서 사본학 개론서라든지 본문비평 개론서와는 다르다. 사본들의 현황이나 자료를 열거하는 것이 아니라, 그것들의 의미와 가치를 논하고 있기 때문이다. 이와 더불어 독자들이 신약성서 사본학과 본문비평이라는 다소 생소한 학문에 친숙해질 수 있도록 사본과 인쇄본에 얽힌 흥미로운 이야기들도 소개할 것이다.

이 책을 내놓으면서 많은 분들에게 빚을 지게 되었다. 모든 분들에게 지면상으로나마 감사의 마음을 전한다. 이 책을 출판하는 대한기독교서회에 우선 감사를 표한다. 특히 출판을 허락해 주신 정지강 사장님, 이 책을 기획한 서진한 국장님, 이 책의 토대가 되도록 「기독교사상」에 사본에 대한 글들을 연재하도록 한 한종호 부장님께 감사를 표한다. 또한 꼼꼼하게 교정을 봐준 편집진에게 감사한다.

신약성서 사본학과 본문비평학에 관심이 있는 한국교회의 모든 이들에게 이 책이 작은 보탬이 되었으면 하는 바람이다.

민경식

○ 차례

신약성서, 우리에게 오기까지

제1장 신약성서 사본

성서 자체에 대한 지식, 즉 성서가 어떻게 기록되었고, 또 어떤 과정을 거쳐 전승되었으며, 오늘날 성서의 본문이 어떻게 재구성되어 있고, 우리말로 번역된 성서가 어떻게 해서 만들어졌는지에 대한 지식을 갖게 되면, 우리는 올바른 성서관聖書觀을 가질 수 있다. 뿐만 아니라, 성서에 대한 무지로 인해 생길 수 있는 불필요한 고민에 빠지지 않을 수도 있다.

○ 제1장 신약성서 사본

먼저 그리스어 신약성서 사본에 대한 개괄적인 이야기부터 나누어 보고자 한다. 그리고 다음 장부터는 이문異文의 발생 원인을 탐구하고, 이어서 "파피루스 사본", "대문자 사본", "소문자 사본" 등을 조금 더 자세히 살펴본 후에, 인쇄본의 역사에 대해서 언급하고자 한다. 이와 더불어 사본의 발견 및 취득과 관련된 재미있는 에피소드 등을 곁들이고자 한다.

1. 왜 사본에 대해 알아야 하는가

일반인들이 성경공부를 하거나 학자들이 성서를 학문적으로 연구할 때, 주로 그 내용에 관심을 갖게 마련이다. 물론 이것이 잘못된 방법은 아니다. 다만, 이 책에서는 성서의 내용이 아닌 '외장'에도 한번쯤 관심을 가져보자고 제안한다. 컴퓨터와 비교하면 쉽게 이해될 수 있다. 필자가 의도하는 것은, '소프트웨어'에서 잠시 눈을 떼어서 '하드웨어'를 살펴보자는 것이다. 물론 우리는 하드웨어에 대한 지식이 없어도 컴퓨터를 사용하는 데 큰 불편을 느끼지 않는다. 그런데 문제는 하드웨어가 잘 작동하지 않을 때이다. 하드웨어에 문제가 생기기 전까지는 하드웨어에 대한 지식이 없어도 컴퓨터를 잘 사용할 수 있지만, 컴퓨터가 제대로 기능하지 않게 되면, 하드웨어에 대한 지식이 없이는 그 문제를 해결하기가 여간 어렵지 않다. 이런 경우에 우리는 일반적으로 하드웨어를 잘 아는 컴퓨터 전문가의 도움을 받는다. 그렇지만 간단한 고장인 경우에는 하드웨어에 대한 지식을 조금만 가지고 있어도 우리 스스로 문제를 해결할 수 있다.

성서를 연구할 때에도 마찬가지다. 성서의 내용을 이해하는 데 특별한 문제가 없고, 우리의 믿음이 아무런 도전을 받지 않는다면, 성서 자체에 대한 지식이 없어도 기독교 신앙을 유지하는 데 큰 어려움이 없을 것이다. 그러나 우리의 믿음이 강한 도전을 받게 되면, 이야기는 달라진다. 성서 자체에 대한 지식, 즉 성서가 어떻게 기록되었고, 또 어떤 과정을 거쳐 전승되었으며, 오늘날 성서의 본문이 어떻게 재구성되어 있고, 우리말로 번역된 성서가 어떻게 해서 만들어졌는지에 대한 지식을 갖게 되면, 우리는 올바른 성서관聖書觀을 가질 수 있다. 뿐만 아니라, 성서에 대한 무지로 인해 생길 수 있는 불필요한 고민에 빠지지 않을 수도 있다. 『바이블 코드』나 『다 빈치 코드』 같은 책이 베스트셀러로 세상의 관심을 끌어모아도, 현혹되지 않고 올바른 신앙을 지킬 수 있는 것이다.

성서 연구를 하면서 우리는 일반적으로 먼저 본문을 읽고, 그 본문의 뜻을 바르게 이해하려고 노력하고, 나아가 그 본문의 의미를 우리 삶에 어떻게 적용할 것인지를 고민한다. 혹자는 이 과정을 눈으로 읽고, 마음으로 읽고, 몸으로 읽는다고도 일컫는다. 그렇지만 이 본문이 어떻게 우리에게 전달되었는지에 대해서는 큰 관심을 보이지 않는다.

그런데 기원후 50년 이후에 기록된 신약성서가 어떤 과정을 거쳐서 어떻게 2,000년이 지난 오늘을 사는 우리에게까지 전달되었는지, 주목해 볼 필요가 있지 않을까? 지금 우리는 여러 출판사에서 내는 우리말로 번역된 성서를 싼 값에 사서 쉽게 읽고 있지만, 초대교회 교인들의 상황은 우리와는 확연히 달랐다. 인쇄 기술이 없었으니 손으로 베껴서 성서를 만들었을 것이고, 그렇게 만든 책은 워낙 비쌌을 터이니, 기독교인이라고 해도 일반인들은 성서를 쉽게 접하기 힘들었을 것이다. 아니, 성서를 접한다고 해도 대다수가 문맹이었으니, 읽을 수도 없었을 것이다.

이제부터 초대교회의 기독교인들은 성서를 어떻게 만들었고, 또 성서를 어떻게 구입하여 읽었는지에 관심을 가지고 성서의 전승 역사, 즉 오늘날 우리에게 전달되기까지의 과정을 살펴보도록 하자.

2. 사본이란 무엇인가

일반적으로 기독교인들은 '사본'이란 용어에 익숙하지 않다. 사본 이외에도 생소한 용어들이 앞으로 계속 나오게 될 텐데, 벌써 '이문'이라든지, '파피루스'라든지, '본문비평' 등과 같은 용어들이 등장하였다. 이러한 주제를 다루게 될 때마다 관련된 용어들을 보다 자세히 설명하도록 하겠다.

'사본'寫本은 손으로 베껴 쓴 책이나 문서를 뜻한다. '붓 필'자를 넣어서 '필筆사본'이라고도 하며, 또는 손으로 베꼈다는 의미로 '손 수'자를 붙여 '수手사본'이라 표현하기도 한다. 하여간 사본이란 인쇄술이 발명되기 이전에 만든 책이나 문서를 가리킨다.

우리나라에서는 이미 13세기 전반부에 금속활자가 발명되었지만, 유럽에서는 이보다 200년 이상 늦은 15세기 중반에 이르러서야 인쇄술이 발명되었다. 15세기 중엽, 대략 1450년경에 구텐베르크Johannes Gutenberg, 1397-1468가 인쇄술을 발명한 것으로 전해진다. 인쇄술을 발명한 다음, 그가 처음으로 찍어낸 책이 바로 성서였다. 당시 로마 가톨릭 교회의 공식 성서였던 라틴어 『불가타 성서』를 금속활자로 찍어낸 것이다. 표제지나 간기刊記에 출판연도에 관한 사항이 없기 때문에 정확한 출판연도를 알 수는 없다. 다만 구텐베르크가 만들었다고 해서 『구텐베르크 성서』라 부르기도 하고, 또 매 쪽이 42행으로 되어 있다고 해서 『42행 성서』라고 부르기도 한다. 이 성서의 발행으로 사본의 시대가 막을 내리고, 인쇄본의 시대가 열리게 되었다. 뒤집어 말하자면, 15세기 중엽 인쇄 기술이 발명되기 전까지 모든 성서는 손으로 베껴서 만들었다는 것이다. 이렇게 손으로 베낀 성서를 우리는 '성서 사본'이라고 부른다. 물론 지금은 우리가 이것을 성서 사본이라고 부르지만, 이것을 만들고 사용하던 당시에는 사본이 아니라 성서라든지 혹은 이에 상응하는 용어가 사용되었을 것이다.

그렇다면 신약성서 사본은 오늘날 몇 개나 남아 있을까? 누구나 예상할 수 있듯 대다수의 사본들은 이미 오래전에 소실되었다. 예전에 사용되던 그 많은 수의 신약성서 사본들 가운데 극히 일부만 현재까지 남아 있다. 우리나라에도 삼국시대나 고려시대, 조선시대에 얼마나 많은 책과 문서들이 있었겠는가? 하지만 이런 문서들이 오늘날에 거의 남아 있지 않은 것을 보면, 대다수의 성서 사본들도 비슷한 과정을 거쳐 사라졌을 것으로 쉽게 짐작할 수 있다. 많은 경우에는 낡아 해져서 사라졌을 것으로 추정된다. 예를 들어, 기원후 300년 이전에 사용되던 고대 사본들이 지금까지 남아 있기는 쉽지 않다. 많은 고대 사본들은 낡아서 사라졌을 것이고, 또 많은 사본들은 기독교 박해 과정에서 불에 타 없어졌을 것이기 때문이다. 여러 가지 이유로 대다수의 고대 사본들이 훼손되고 소실되었지만, 그 가운데서도 오늘날까지 살아남은 몇몇 사본들이 있다. 그런데 그 수는 우리가 일반적으로 상상하는 것보다 훨씬 많다. 현재 우리에게 전해진 신약성서 사본의 수가 얼마나 많은지를 실감하려면, 먼저 고대의 다른 작품들의 사본이 얼마나 많이 남아 있는지를

구텐베르크가 인쇄술을 발명하고 처음으로 출판한 『구텐베르크 성서』

살펴보는 것이 좋을 것이다.

요세푸스Josephus의 『유대전쟁사』나 호메로스Homeros의 작품들의 경우 많아야 열 개 남짓 되는 사본이 남아 있으며, 웬만한 고대의 작품들은 한두 개의 사본만이 남아 있을 뿐이다.[1] 반면에 신약성서의 경우, 정확한 숫자를 파악할 수는 없지만 대략 2만 5,000개의 사본이 남아 있는 것으로 추정된다. 물론 여기에는 고대 번역본도 포함되어 있다. 그리스어로 기록된 신약성서가 이미 2세기부터 시리아어와 라틴어와 콥트어와 에티오피아어와 아르메니아어와 그루지야어 등 많은 언어로 번역되었던 것이다. 오늘날 전해지는 그리스어로 된 신약성서 사본들만 해도 5,700여 개에 이른다. 2008년 4월 현재 5,760개의 그리스어 신약성서 사본이 공식적으로 등록되어 있다.[2] 물론 이 숫자는 고정된 것이 아니다.[3] 오늘날 새로운 사본이 만들어지는 것은 아니지만, 이 숫자는 수시로 늘어난다. 왜냐하면 지금도 계속 사본들이 새로 발견되고 있고, 이미 오래전에 발견되어 창고에 쌓여 있던 어떤 사본 조각들이 신약성서 사본으로 정체가 규명됨에 따라 전체적인 신약성서 사본의 수가 늘어나기 때문이다.

20세기에 들어와서 우리가 가지고 있는 사본들의 수는 기하급수적으로 늘어났다. 지난 한 세기 동안 사본들이 얼마나 많이 늘어났는지 언급하기 전에, 먼저 신약성서 사본들이 어떻게 분류되는지를 소개하겠다. 신약성서 사본의 수가 많지 않았을 때에는 사본들을 분류할 필요가 없었다. 그러나 사본들이 계속 발견되고 그 수가 점차 늘어나게 되자 사본들을 분류해야 할 필요가 생겨났고, 이러한 실질적인 필요에 따라 사본들이 분류되었다.

신약성서 사본은 크게 파피루스 사본, 대문자 사본, 소문자 사본, 성구집, 이렇게 네 그룹으로 나뉜다. 파피루스 사본이란, 파피루스라는 식물로 만든 용지에 기록한 사본이다. 대문자 사본은 그리스어 대문자로 쓰인 사본이고, 소문자 사본은 그리스어 소문자로 쓰인 사본을 가리킨다. 처음의 세 부류, 즉 파피루스 사본, 대문자 사본, 소문자 사본은 오늘날 우리가 일반적으로 읽는 성서와 비슷하게 구성되어 있다. 다시 말하면, 이 세 부류의 사본들에는 신약성서의 본문을 **연이어서** 기록한 '연속본문'이 적혀 있다.

반면에 성구집은 이와는 다른 특징을 드러낸다. 성구집에는 하루하루 그날 읽어야 할 본문이 선택적으로 실려 있다. 마치 오늘날의 성구 묵상집과 같이, 요일마다 또는 주말마다 읽어야 할 성서 본문이 적혀 있다. 여기서 한 가지 주의해야 할 점은, 대문자로 기록되어 있다고 해서 모두 대문자 사본은 아니라는 것이다. 물론 소문자로 기록되어 있다고 해서 다 소문자 사본도 아니다. 그 이유는 이러하다.

먼저 성구집의 경우, 대다수의 성구집이 소문자로 기록되어 있고, 약 20% 미만이 대문자로 기록되어 있다. 그리스어 소문자는 어느 한 순간에 인위적으로 만들어진 것이 아니라, 오랜 과정을 거치며 자연스럽게 생겨난 것이다. 초기에는 우리가 대문자라고 부르는 필체만 있었다. 그러다가 8/9세기경에 이르러 그리스어 소문자가 정착되기 시작하였고, 9세기 이후에는 소문자가 대문자를 대신하기에 이르렀다. 따라서 상대적으로 초기에 만들어진 성구집은 대문자로 되어 있고, 9세기 이후의 것들은 소문자로 되어 있다. 다만 성구집을 대문자 성구집과 소문자 성구집으로 구분하지 않고, 이 둘을 합쳐 성구집이라고 부른다. 따라서 소문자로 기록된 사본들 가운데서도 일부는 소문자 사본이 아니라 성구집으로 분류된다.

대문자 사본과 소문자 사본을 구분하는 기준은 필체이다. 누구든지 필체를 보면, 대략 이것이 초기의 사본인지 후기의 사본인지를 알 수 있다. 대문자로 기록되어 있으면 일반적으로 9세기 이전의 사본이고, 소문자로 기록되어 있으면 일반적으로 9세기 이후의 사본인 셈이다. 또한 후대에 만들어진 소문자 사본은 대문자 사본에 비해 화려하다. 중세교회의 막강한 힘을 느낄 수 있는 부분이다. 본문을 여러 가지 색, 심지어 금으로 화려하게 장식했을 뿐만 아니라, 각 복음서 앞에는 복음서 저자로 알려진 인물들의 그림을 그려 넣었으며, 곳곳에 관련되는 그림들을 삽입하였다. 막강한 권력이 교회에 집중된 중세시대였으니, 화려하게 장식하기에 성서만큼 좋은 것이 또 무엇이 있었겠는가![4]

파피루스 사본 역시 대문자로 기록되어 있음에도 불구하고 대문자 사본으로 분류되지 않는다. 이것들은 파피루스 용지에 기록되었기 때문에 파피루스 사본으로 분류된다. 파피루스 사본과 대문자 사본을 구분하는 기준은 필체가 아니라, 사본의 재질이다. 소문자 사본도 그렇지만, 대문자 사본은 소나 양이나 염소의 가죽을 가

공하여 만든 양피지에 기록한 사본이다. 반면에 파피루스 사본은 파피루스 식물로 만든 용지에 기록한 사본이다.[5]

정리해 보면, 파피루스 사본은 파피루스 용지에 '연속본문'이 대문자로 쓰인 사본이다. 표기할 때에는 피(𝔓)자 뒤에 아라비아 숫자로 일련번호를 붙인다.(𝔓1, 𝔓2, 𝔓3, … 𝔓123, 𝔓124 등) 흔히 숫자를 위첨자로 쓰는데, 반드시 그럴 필요는 없다. 오히려 각주와의 혼돈을 피하기 위해 일부러 위첨자 표기를 피하기도 한다.

대문자 사본은 양피지에 '연속본문'이 대문자로 쓰인 사본이고, 표기할 때에는 아라비아 숫자 영(0) 뒤에 아라비아 숫자로 일련번호를 붙인다.(01, 02, 03, … 0317, 0318 등) 간혹 영어나 그리스어 대문자로 표기하기도 하지만(א, A, B, C, D 등), 최근 들어서는 아라비아 숫자로 표기하는 경향이 강하다. 영어와 그리스어 알파벳 대문자만으로는 300여 개가 넘는 대문자 사본을 감당하지 못하기 때문이다.

소문자 사본은 양피지에 '연속본문'이 소문자로 기록된 사본이며, 표기할 때에는 아라비아 숫자로 표기한다.(1, 2, 3, 4 등)

성구집은 '연속본문'이 아니라 각 요일마다 읽어야 할 '선택된 본문'이 대문자 또는 소문자로 기록되어 있는 사본이며, 표기할 때에는 기울어진 라틴어 엘(*l*) 또는 성구집의 약자(Lect.) 뒤에 아라비아 숫자로 일련번호를 붙인다.(*l*1, *l*2, *l*3 또는 Lect. 1, Lect. 2, Lect. 3 등)

대략 4세기에 접어들면서 양피지가 파피루스를 대신하게 되었다. 따라서 대다수 파피루스 사본은 4세기 이전의 것들이며, 대문자 사본은 일반적으로 4-8세기의 것들이다. 소문자 사본은 9세기 이후의 것들이다. 물론 7세기의 파피루스 사본도 있고, 3세기의 대문자 사본도 있다. 그러나 전체적으로 보면 4세기경에 대문자 사본이 초기의 파피루스 사본을 대신하게 되었고, 9세기경에는 그 대문자 사본을 소문자 사본이 대신하게 되었다.

신약성서, 우리에게 오기까지

제2장 본문의 전승과 변개

2008년 4월 현재, 124개의 신약성서 파피루스 사본이 공식적으로 등록되어 있다. 20세기 들어 파피루스 사본뿐만 아니라, 대문자 사본과 소문자 사본과 성구집도 무수히 발견되어 세상에 소개됨으로써, 현재 공식적으로 등록된 신약성서 사본의 수는 5,700개가 넘는다. 그런데 놀라운 것은 이 수많은 사본들 가운데 어느 것 하나도 서로 정확하게 일치하는 사본이 없다는 것이다.

○ 제2장 본문의 전승과 변개

역사의 무대에서 사라져 버린 수많은 사본들을 고려한다면, 오늘날 남아 있는 사본의 수는 빙산의 일각에 불과하다. 중세시대만 해도 세상에 알려진 고대 사본은 거의 없었다. 당시에는 소문자 사본이 일반적으로 사용되었기 때문이다. 그렇다고 해서 소문자 사본이 체계적으로 널리 알려진 것도 아니다. 이는 한 사람이 구하거나 사용할 수 있는 사본의 수가 매우 제한되어 있었다는 뜻이다.

1516년, 최초의 신약성서 인쇄본을 편집한 네덜란드의 인문학자 에라스무스Erasmus von Rotterdam, 1469-1539는 아마도 4개의 신약성서 사본을 주요 자료로 사용한 것으로 추정된다.[1] 당시에 그가 구할 수 있는 사본이 몇 개 되지 않았던 것이다. 17세기 후반부터 몇몇 사람들은 다양한 사본들에 대한 폭넓은 지식을 갖추기 시작하였다. 영국의 존 펠John Fell, 1625-86은 신약성서를 출판할 때(1675) 100여 개의 사본을 사용하였다.[2]

19세기 말에 이르러 영국의 두 학자 웨스트콧B. F. Westcott, 1825-1901

과 호트F. J. A. Hort, 1828-92는 역사의 획을 긋는 매우 우수한 본문을 지닌 신약성서를 출판하였다.[3] 이 신약성서가 출판됨으로써 수백 년 동안 교회의 공식적인 성서라는 영예를 차지해 온 '수용본문'textus receptus [4]이 실질적으로 극복되었다. 이때 웨스트콧과 호트가 사용한 신약성서 사본은 대략 200개 정도 된다. 이것들은 모두 양피지에 쓰인 사본들인데, 대문자로 된 것이 45개, 소문자로 된 것이 약 150개였다. 물론 파피루스에 쓰인 고대 사본은 하나도 없었다. 그럴 수밖에! 그 당시만 해도 세상에 알려진 파피루스 사본이 몇 개 되지도 않았을 뿐더러, 그것들은 초기 사본도 아니었기 때문에 주목을 끌지 못했던 것이다.

그러다가 19세기 말부터 사본이 대량으로 발견되기 시작하였다. 19세기 말과 20세기 초에 영국의 그렌펠B. P. Grenfell과 헌트A. S. Hunt는 이집트의 나일 강 상류에 위치한 옥시링쿠스Oxyrhynchus라는 곳에서 다량의 파피루스 사본을 발굴하였다. 그 후 이집트의 곳곳에서 많은 양의 파피루스 사본들이 발견되었고, 그 가운데 일부가 신약성서 사본으로 밝혀졌다. 그래서 2008년 4월 현재, 124개의 신약성서 파피루스 사본이 공식적으로 등록되어 있다. 20세기 들어 파피루스 사본뿐만 아니라, 대문자 사본과 소문자 사본과 성구집도 무수히 발견되어 세상에 소개됨으로써, 현재 공식적으로 등록된 신약성서 사본의 수는 5,700개가 넘는다. 그런데 놀라운 것은 이 수많은 사본들 가운데 서로 정확하게 일치하는 사본들이 한 쌍도 없다는 것이다. 아무리 비슷한 본문을 가진 사본들일지라도 차이가 있게 마련이다. 성서를 베끼는 사람이 아무리 똑같이 베끼려고 해도 필사 과정에서 이런저런 실수가 벌어지기 때문이다. 이런 방식으로 다른 독법이 나타나게 되는데, 학자들은 이것을 '이문'이라는 용어로 설명한다.

1. 이문이란 무엇인가

이문異文을 순수한 우리말로는 '다른 읽기'라고 할 수 있다. '다른 읽기'에서 '다른'이라는 말은, 이 사본과 다르게 저 사본에는 '다른' 것이 적혀 있다는 것을 뜻한다. 어떤 사본의 어떤 구절에 '원래 있어야 할 단어나 문장' 대신에 '다른 단어나 문장'이 쓰였다는 것이다. 이것이 이문이다. 예를 들어, "예수께서 말씀하셨다."라는 표현이 원문인데, 이 표현 대신에 "우리 주 예수께서 말씀하셨다."라고 되어 있으면, 이것은 이문이다. 이 이문에는 '우리 주'라는 말이 첨가되어 있다. 이렇듯 새로운 요소가 덧붙는 이문을 '삽입'이라고 한다. 반대로 어떤 요소가 빠지는 '생략'이라는 이문도 있다. 또한 단어의 배열이 바뀌는 '치환'이 있고, 한 단어(또는 문장)가 다른 단어(또는 문장)를 대신하는 '대치'라는 이문도 있다. 그렇다면 이문은 왜 생기는 것일까?

우리는 이문을 크게 '고의적인 변개'와 '우연한 변개'로 나누어 볼 수 있다. 고의적인 변개라고 한다면, 필사자가 대본을 베끼는 과정에서 본문을 의도적으로 바꾼 경우이다. 한편, 고의성 없이 단순한 실수로 본문을 변경시킨 경우를 우연한 변개라고 한다. 물론 성서에 나타나는 절대 다수의 이문들은 우연한 변개에 해당하지만, 간헐적으로 고의적인 변개로 보이는 이문들도 눈에 띈다.[5)]

2. 고의적 변개

먼저 고의적인 변개에는 어떤 것들이 있는지 살펴보자. 대본의 본문이 문법에 맞지 않거나 표현이 어색할 경우에, 고대의 필사자들은 문장에 '손'을 대곤 하였다. 또 본문 내용이 사실과 다를 때에도, 필사자들은 그것들을 '올바르게' 교정하려고 하였다. 교리적으로 도저히 수용할 수 없는 것처럼 보이는 문장을 변경시키기도 하였다. 또한 본문의 설명만으로는 독자들이 내용을 제대로 이해할 수 없을 것 같을 때, 필사자들은 부연설명을 덧붙이기도 하였다.

먼저 본문의 내용이 사실과 맞지 않을 때 필사자들이 본문을 어떻게 변경시켰는지를 살펴보자. 마가복음 1장 2-3절이다.

> 2 예언자 이사야의 글에 기록하기를, "보아라, 내가 내 심부름꾼을
> 너보다 앞서 보낸다. 그가 네 길을 닦을 것이다." 3 "광야에서 외치는
> 이의 소리가 있다. '너희는 주님의 길을 예비하고, 그의 길을 곧게 하
> 여라.'"한 것과 같이 — 『새번역』

얼핏 보기에 이 본문은 문제가 없어 보이지만, 성서를 잘 아는 사람에게는 큰 고민거리가 되는 구절이다. 마가복음 1장 2절에서 이사야의 글에 기록되었다고 하는 "보아라, 내가 내 심부름꾼을 너보다 앞서 보낸다. 그가 네 길을 닦을 것이다."라는 인용문이 이사야서에 기록되어 있지 않기 때문이다. 문제가 되는 이 부분은 말라기 3장 1절[6]을 인용한 것이다. 물론 마가복음 1장 3절의 인용은 이사야서가 맞다. 하지만 2절에서 "예언자 이사야의 글"이라는 표현은 분명히 잘못된 것이다. 그래서 어떤 사본들은 "예언자 이사야의 글에"를 "예언서들에"로 고침으로써 잘못된 정보를 수정하려고 하였다.[7] 그럼으로써 "예언서들에"라는 이문이 발생하게 된 것이다.

이와 비슷한 이문이 마태복음 27장 9절에 반복된다.[8] 또 다른 종류의 잘못된 정보가 누가복음 24장 13절에도 나타난다.

> 13 마침 그 날에 그들 가운데 두 사람이 예루살렘에서 한 삼십 리
> 떨어져 있는 엠마오라는 마을로 가고 있었다. 14 그들은 일어난 이 모
> 든 일을 서로 이야기하고 있었다. 15 그들이 이야기하며 토론하고 있
> 는데, 예수께서 가까이 가서, 그들과 함께 걸으셨다. 16 그러나 그들
> 은 눈이 가려져서 예수를 알아보지 못하였다. —『새번역』

여기 13절에서 "삼십 리"로 번역된 그리스어 표현은 '육십 스타디아'이다. 우리말 개역성서에는 '이십오 리'로 번역되어 있다. 일 스타디온(단수)이 대략 200m라고 하니, 오늘날의 미터 법에 따르

면, 육십 스타디아는 10km 남짓에 해당한다. 그런데 예루살렘에서 엠마오까지의 거리가 실제로는 약 30km가 되므로, 누가복음에 나오는 보도보다 훨씬 더 긴 거리인 셈이다. 그래서 그 지역을 잘 아는 어떤 필사자는 육십 스타디아가 분명히 '오기'일 것이라고 생각하고 육십 스타디아 앞에 '백'을 넣어서 '백육십 스타이아'로 고쳤다.[9] 두 지역 사이의 거리를 약 세 배가 되는 거리로 늘린 것이다. 그렇게 함으로써 누가복음에 나오는 잘못된 정보를 바로잡을 수 있었지만 또 하나의 이문이 생겨나게 되었다.

문법에 오류가 있는 것처럼 보이는 것을 고치거나 문체를 고치는 것 역시 고의적 변개에 속한다. 요한계시록 1장 4절에는 이 두 가지 현상이 모두 나타난다.

> 나 요한은 아시아에 있는 일곱 교회에 이 편지를 씁니다. 지금도 계시고 전에도 계셨고 또 앞으로 오실 분과, 그의 보좌 앞에 있는 일곱 영으로부터의 은혜와 평화가 여러분에게 있기를 빕니다. —사역

먼저, 그리스어 본문을 보면, "지금도 계시고 전에도 계셨고 또 앞으로도 오실 분으로부터의 은혜와 평화"라는 표현이 나타난다. 여기서 이것을 표현할 때, "…로부터"(ἀπό)를 뜻하는 전치사 뒤에 주격이 뒤따르고 있는데, 이러한 파격구문은 매우 예외적인 현상이다. 다수의 본문은 전치사 뒤에 '하나님'을 속격 형태(θεοῦ)로 첨가함으로써 파격구문을 회피하였다. 이것이 문법적인 수정이다.

또 "그의 보좌 앞에 있는 일곱 영"이라는 표현에 관계대명사가 중성 복수 주격 형태(ἅ)로 나타나는데, 물론 이것이 문법적으로 틀린 것은 아니지만 시내 사본과 알렉산드리아 사본 등에는 이 관계대명사 대신 중성 복수 속격 형태의 관사(τῶν)가 나타난다. 관계절 대신 형용사구를 선택한 것이다. 또한 관계대명사의 격이 속격(ὧν)으로 바뀐다면 이것은 견인현상 attractio relativi 으로 설명될 수 있다.[10] 이런 것들을 우리는 문체적 수정이라고 한다.

본문을 보충하는 주석적인 설명도 고의적인 변경에 속한다. 누가복음 23장 17절과 요한복음 5장 3b-4절이 좋은 예가 된다. 누가복음 23장 13절 이하는 예수가 빌라도 앞에서 사형 판결을 받는 장면이다.

> 13 빌라도는 대제사장들과 지도자들과 백성을 불러모아 놓고서,
> 14 그들에게 말하였다. "그대들은, 이 사람이 백성을 오도한다고 하
> 여 내게로 끌고 왔으나, 보다시피, 내가 그대들 앞에서 친히 신문하
> 여 보았지만, 그대들이 고발한 것과 같은 죄목은 아무것도 이 사람에
> 게서 찾지 못하였소. 15 헤롯도 또한 그것을 찾지 못하고, 그를 우리
> 에게 돌려보낸 것이오. 이 사람은 사형을 받을 만한 일을 하나도 저
> 지르지 않았소. 16 그러므로 나는 이 사람을 매질이나 하고, 놓아주
> 겠소." 17 (없음) 18 그러나 그들이 일제히 소리 질러 말하였다. "이
> 자를 없애고, 바라바를 우리에게 놓아주시오." — 『새번역』

명절을 맞이하여 죄수 가운데 한 사람을 풀어주는 당시 팔레스타인 지역의 관습에 대한 복음서 기자들의 보도에 익숙하지 못한 독자들은 죄수 한 사람을 놓아주려는 빌라도의 행동이 이해되지 않을 것이다. 또한 빌라도의 행동이 전체적인 이야기의 흐름을 깬다고 생각할 수도 있다. 이에 누군가가 17절의 자리에 빌라도가 죄수 한 사람을 풀어주려는 이유를 설명해 놓았다.[11] “명절이 되어 빌라도는 죄수 한 사람을 그들에게 놓아주어야 했다.” 물론 17절은 후대의 삽입으로 초기의 본문에는 없었던 것으로 보인다.[12] 17절을 삽입한 필사자는 다른 복음서들의 보도에 나오는 부연설명을 여기에 추가함으로써 이 관행에 대한 보도를 알지 못하는 독자들을 배려한 것이다. 이런 과정을 통해 또다시 이문이 생겨났다.

요한복음 5장 3b-4절의 부연설명도 독자들의 이해를 돕기 위하여 후대에 삽입된 이차적인 본문이다.

1 그 뒤에 유대 사람의 명절이 되어서, 예수께서 예루살렘으로 올
라가셨다. 2 예루살렘에 있는 ‘양의 문’ 곁에, 히브리 말로 베드자다
라는 못이 있는데, 거기에는 주랑이 다섯 있었다. 3 이 주랑 안에는
많은 환자들, 곧 눈먼 사람들과 다리 저는 사람들과 중풍병자들이 누
워 있었다. [[그들은 물이 움직이기를 기다리고 있었다. 4 주님의 천
사가 때때로 못에 내려와 물을 휘저어 놓는데 물이 움직인 뒤에 맨
먼저 들어가는 사람은 무슨 병에 걸렸든지 나았기 때문이다.]] 5 거기
에는 서른여덟 해가 된 병자 한 사람이 있었다. 6 예수께서 누워 있는

그 사람을 보시고, 또 이미 오랜 세월을 그렇게 보내고 있는 것을 아시고는 물으셨다. "낫고 싶으냐?" 7 그 병자가 대답하였다. "주님, 물이 움직일 때에, 나를 들어서 못에다가 넣어주는 사람이 없습니다. 내가 가는 동안에, 남들이 나보다 먼저 못에 들어갑니다." 8 예수께서 그에게 말씀하셨다. "일어나서 네 자리를 걷어 가지고 걸어가거라." - 『새번역』

예수께서는 병자에게 "낫고 싶으냐?"고 물으셨다. 그런데 그 병자는 "낫고 싶습니다." 혹은 "아닙니다. 괜찮습니다." 또는 "그렇게만 해주십시오." 등과 같은 일반적인 대답을 하지 않고 "주님, 물이 움직일 때에, 나를 들어서 못에다가 넣어주는 사람이 없습니다. 내가 가는 동안에, 남들이 나보다 먼저 못에 들어갑니다."라는 의외의 대답을 한다. 이는 낫고 싶으냐는 예수의 질문에 대한 적절한 대답으로 보이지 않는다. 그런데 천사들이 못에 내려와 물을 휘저어서 물이 움직인 뒤에 가장 먼저 못에 들어가는 병자의 병이 낫는다는 이야기를 안다면, 병자의 대답이 이해가 된다. 하지만 원래의 본문에는 이러한 설명이 없기 때문에, 못과 물에 얽힌 이야기를 모르는 독자들에게는 참으로 이해하기 어려운 본문이 된다. 그래서 독자들의 이해를 돕기 위해 어떤 필사자가 꺾쇠괄호 안의 본문(요 5:3b-4)을 첨가한 것이다. 이 본문이 첨가됨으로 이제 예수의 질문과 병자의 대답은 잘 어울리게 되었다.

하지만 대다수의 고대 사본에는 꺾쇠괄호 안의 본문이 없다.[13)]

그래서 네스틀레-알란트 그리스어 신약성서에도 이 문장이 본문에 포함되어 있지 않다. 대다수의 외국어 번역본에서도 마찬가지다.[14] 독자들의 이해를 돕기 위해 후대에 첨가된, 원본문에 포함되어 있지 않은 이차적인 본문으로 판단했기 때문이다. 그런데 이것이 우리말 성서에는 본문에 포함되어 있다. 물론 『새번역』의 경우 겹꺾쇠괄호 안에 표기하여 이 본문이 원본문에는 포함되어 있지 않은 것임을 명시하였다. 『개역개정』도 이 문장을 (단)꺾쇠괄호 안에 묶어놓았다. 이처럼 그리스어 본문에는 없는 구절이 우리말 성서에 반영되는 경우가 있다. 그 대표적인 것이 마태복음에 나오는 주기도문의 송영이다.(마 6:13b) 비록 원문이나 원문에 가까운 본문을 재구성한 번역 대본에는 송영이 없지만, 이것이 우리나라 교회에서는 매우 중요한 본문이기 때문에 우리말 성서 본문에는 실려 있다. 이것 역시 꺾쇠괄호로 묶어서 원문에는 포함되어 있지 않다는 사실을 명시하였다.

또 다른 형태의 고의적 변개는 교리적인 이유에서 생겨난 것들인데, 실제로 이러한 유형의 변개는 매우 드물다. 그러나 다음의 구절은 교리적 이유로 인해 발생한 변개를 잘 설명해 준다. 마태복음 24장 32절 이하이다.

> 32 "무화과나무에서 교훈을 배워라. 가지가 연하여지고, 잎이 돋
> 으면, 너희는 여름이 가까이 온 줄을 안다. 33 이와 같이, 너희도 이
> 모든 일을 보거든, 인자가 문 앞에 가까이 온 줄을 알아라. 34 내가 진

정으로 너희에게 말한다. 이 세대가 끝나기 전에, 이 모든 일이 다 일
어날 것이다. 35 하늘과 땅은 없어질지라도, 나의 말은 결코 없어지
지 않을 것이다. 36 그러나 그 날과 그 시각은 아무도 모른다. 하늘의
천사들도 모르고, 아들도 모르고, 오직 아버지만이 아신다. 37 노아의
때와 같이, 이 인자가 올 때에도 그러할 것이다."—『새번역』

위의 본문은 마지막 때에 대한 예수의 가르침에 대한 보도인데, 문제는 36절에 있다. 마지막 때가 언제가 될지 아무도 모른다는 보도까지는 괜찮다. 천사들이 모른다는 보도도 받아들일 수 있다. 그렇지만 아들도 모른다는 보도는 어떤 필사자에게 큰 혼란을 일으켰을 것이다. 성자 하나님이 그날을 모른다는 것을 교리적으로 도저히 받아들일 수 없었기 때문이다. 그래서 이 보도에 당혹한 필사자는 "아들도 모르고"라는 표현을 삭제하였다.[15] 이렇게 하여 교리적인 변개가 일어났다. 여기서 시내 사본의 경우를 살펴보는 것도 흥미로울 것이다. 시내 사본의 필사자는 원래 "아들도 모르고"를 적었으나, 4-6세기 사이에 첫 번째 교정자가 "아들도 모르고"라는 글자 위에 점을 찍음으로써 이 표현을 삭제하였고,[16] 7세기 이후의 두 번째 교정자가 첫 번째 교정자의 삭제 표시(점)를 다시 지움으로써 "아들도 모르고"라는 표현의 효력을 되살렸다.

그러나 이러한 교리적인 변개는 극히 일부에 불과하다. 교리적 변개로 많이 소개되는 것들 가운데 하나는 누가복음 2장에 나오는 요셉의 호칭에 대한 변개이다. 마리아의 동정녀 탄생 교리를 정당

화하기 위해 "그(예수)의 아버지"(눅 2:33) 또는 "그(예수)의 부모"(눅 2:43)라는 표현을 일부러 "요셉"으로 교정했다는 것이다. 실제로 이러한 변개가 일어나는 것을 우리는 후대의 수많은 사본들에서 확인할 수 있다.[17] 하지만 똑같이 문제가 되는 표현인 27절과 41절의 "예수의 부모"는 거의 교정되지 않았다. 또한 48절에서 마리아가 예수에게 "얘야, 이게 무슨 일이냐? 네 아버지와 내가 너를 찾느라고 얼마나 애를 태웠는지 모른다."라고 말하는 것으로 보도되는데, 여기서도 "네 아버지"라는 표현은 거의 교정되지 않았다.[18] 만약 이것이 예민한 교리와 관련된 고의적 변개라면, 문제가 되는 표현을 체계적으로 교정한 흔적을 발견할 수 있어야 할 텐데, 어느 사본에서도 이러한 교정이 체계적으로 일어나는 것을 발견할 수 없다.[19]

3. 우연한 변개

신약성서의 필사 전승에 유입된 수많은 이문들 가운데 고의적인 변개는 극히 일부에 지나지 않는다. 대다수의 이문들은 무의식적으로 일어난 우연한 것들이다. 필사자들이 대본을 베끼는 과정에서 실수를 저지르는 이유는 참으로 여러 가지인데 다음과 같이 몇 개의 범주로 나눌 수 있다.

먼저, 단어와 단어의 구분을 잘못 읽음으로써 생긴 이문이다. 고대 그리스어 사본에는 띄어쓰기가 없다. 마치 "아버지가방에들어가시다."라는 문장과 같다. "GODISNOWHERE"를 읽어보라. 어떤 사람은 "God is now here."(하나님은 지금 여기에 계시다.)로 읽겠지만, 어떤 사람은 "God is nowhere."(하나님은 어디에도 계시지 않다.)라고 읽을 수도 있다. 그리스어에도 띄어쓰기에 따라 그 뜻이 바뀌는 경우가 종종 있다. 마가복음 10장 40절이 좋은 예이다.

> 그러나 내 오른쪽이나 내 왼쪽에 앉는 것은 내가 허락하는 일이 아니다. 그러나 그것은 그들을 위해 준비되었다.—사역

여기서 "그러나 그들을 위해"(ἀλλ' οἷς)로 해석한 부분은 고대 대문자 사본에서는 "AΛΛOIC"로 표기되어 있는데, 이것은 또한 "다른 사람들을 위해"(ἄλλοις)라고 해석될 수도 있다. "AΛΛOIC"의 중간에 띄어쓰기를 하면 "그러나 그들을 위해"가 되고, 붙여 쓰면 "다른 사람들을 위해"가 된다. 다만, 몇몇 초기 번역본들이 붙여 쓴 "AΛΛOIC"를 반영하고 있다. 형태상으로는 둘 다 가능하며, 원칙적으로 띄어쓰기가 없는 고대 사본들에서는 이 둘 가운데 어느 하나를 선택할 수가 없다. 그러나 띄어쓰기에 따라 뜻에는 많은 차이가 나타난다. 이것을 붙여 쓰면, 예수의 오른쪽이나 왼쪽에 앉는 것을 예수가 허락할 일은 아니지만, 그래도 이것이 그들을 위해 준비되어 있다는 뜻이고, 띄어 쓰면, 그들이 아닌 다른 사람들을 위해 준비되었다는 뜻이다.

한편, 비슷한 글자를 혼동하여 생기는 이문도 있다. 시각적인 오류이다. 글씨를 흘려 쓰다 보면, 글자를 잘못 읽게 되는 경우가 생긴다. 이것은 그리스어에서도 마찬가지다. 대문자 사본의 필체[20]에서는 오미크론(O)과 세타(Θ)와 엡실론(ϵ)과 시그마(C)가 비슷하고, 타우(T)와 감마(Γ)와 피(Π)가 비슷하다. 알파(A)와 델타(Δ)와 람다(Λ)가 비슷하며, 피(Φ)와 프시(Ψ)가 비슷하다. 디모데전서 3장 16절은 오미크론(O)과 세타(Θ)의 혼동으로 이문이 생긴 예이다.

> 이 경건의 비밀은 참으로 놀랍습니다. "그분은 육신으로 나타나시고, 성령으로 의롭다는 인정을 받으셨습니다. 천사들에게 보이시고, 만국에 전파되셨습니다. 세상이 그분을 믿었고, 그분은 영광에 싸여 들려 올라가셨습니다." –『새번역』

"그분은 육신으로 나타나시고" 대신 "하나님은 육신으로 나타나시고"라는 이문이 있다. 시내 사본에는 원래 "그분은"으로 되어 있었는데, 첫 번째 교정자가 이것을 "하나님은"으로 수정하였고, 알렉산드리아 사본에서도 필사자가 쓴 "그분은"을 교정자가 "하나님은"으로 수정하였다. 또한 다수 본문에도 "하나님은"으로 되어 있다.

이러한 이문은 소위 '거룩한 이름들' nomina sacra[21]이라는 약자로 인해 생긴 것이다. '거룩한 이름들'의 유래에 대해 학계에서 일반적으로 합의된 가설은 없지만, 적어도 기독교인들은 매우 초기부터 소위 '거룩한 이름들'을 약자로 쓰는 경향이 있었다고 분명히 말할 수 있다. 매우 이른 시기의 초기 사본들에도 '거룩한 이름들'이 보편적으로 나타나기 때문이다. 일반적으로 첫 자와 마지막 자를 쓰고, 이것 위에 선을 긋는다. 대표적인 것이 '하나님'(ΘC), '예수'(IC 또는 IHC), '성령'(ΠNC), '그리스도'(XC), '주님'(KC) 등인데, 시간의 흐름과 함께 이것이 점차 확대되어, 나중에는 '아들', '십자가', '구원' 등 신학적으로 중요한 개념들까지 약자로 쓰이게 되었다. 디모데전서 3장 16절은 "그분은"(OC)과 "하나님은"(ΘC)의 형태가 유사해서 생긴 이문을 드러낸다.

또한 람다를 두 번 쓴 것(ΛΛ)과 뮈(M)가 비슷하다. 이렇게 비슷한 글자를 혼동함으로써 이문이 생기기도 하는데, 로마서 6장 5절이 좋은 예이다. '그러나'(ἀλλά)를 '동시에'(ἅμα)로 잘못 읽어서 이문이 생긴 두 개의 대문자 사본도 있다.(Codex F, Codex G) 이것은 'AΛΛA'를 'AMA'로 잘못 읽은 결과이다.

필사자들의 이문 생산에 기여한 또 다른 요인은 '피로'이다. 하루 종일 대본을 베끼다 보면, 눈이나 팔에 피로가 쌓여 대본을 잘못 필사하는 경우가 생기리라는 것을 쉽게 짐작할 수 있다. 이에 따라 엉뚱한 실수를 범하게 되는데, 여기에 속하는 것으로 '동일문미'同一文尾나 '중복오사'重複誤寫 같은 것이 있다. '동일문미'라는 것은 문장의 끝이 같아서, 한 문장을 베낀 필사자가 그 다음 문장을 쓰지 않고, 방금 쓴 문장과 끝이 같은, 혹은 비슷한 문장의 다음 문장을 쓰게 되는 경우이다. 마태복음 5:19 이하를 보면 이러한 현상이 왜 일어나는지 쉽게 확인할 수 있다.

19 "그러므로 누구든지 이 계명 가운데 아주 작은 것 하나라도 어
기고 사람들을 그렇게 가르치는 사람은, **하늘 나라에서** 아주 작은 사
람으로 일컬어질 것이요, 또 누구든지 계명을 행하며 가르치는 사람
은, **하늘 나라에서** 큰 사람이라고 일컬어질 것이다. 20 내가 너희에
게 말한다. 너희의 의가 율법학자들과 바리새파 사람들의 의보다 낫
지 않으면, 너희는 **하늘 나라에** 들어가지 못할 것이다." 21 "옛 사람
들에게 말하기를 '살인하지 말아라. 누구든지 살인하는 사람은 재판
을 받아야 할 것이다' 한 것을 너희는 들었다."—『새번역』

그리스어 원문에 보면, "하늘 나라"라는 말이 19절 중간에 한 번, 19절 끝에 한 번, 그리고 20절 끝에 한 번 나타난다. 다시 말하자면, 19절 상반절과 하반절은 모두 "하늘 나라에서"(ἐν τῇ βασιλείᾳ τῶν οὐρανῶν)로 끝나고, 20절도 이와 비슷한 표현인 "하늘 나라에"(εἰς τὴν βασιλείαν τῶν οὐρανῶν)로 끝난다. 짧은 문맥 안에 세 번에 걸쳐 나오는 "하늘 나라에(서)"라는 표현으로 인해 필사자들이 착각을 일으켰다. 시내 사본을 쓴 필사자는 19절 상반절의 "하늘 나라에서"를 쓴 뒤 다시 대본으로 눈을 돌리면서 자신이 방금 19절 하반절의 "하늘 나라에서"를 쓴 줄로 착각하고 20절을 이어 썼다. 그 결과 19절 하반절이 탈락되고 말았다.[22] 또 베자 사본의 필사자는 19절 상반절에 이어서 21절을 기록하였다. 19절 상반절을 베낀 뒤 대본으로 눈을 다시 돌리면서 자신이 20절 마지막에 나오는 "하늘 나라"까지 쓴 줄로 착각한 것으로 보인다. 그럼으로써 베자 사본에는

19절 하반절뿐만 아니라, 20절까지 빠지게 되었다. 문장의 끝이 비슷하여 필사자가 착각을 일으켜 생긴 이문들이다.

'중복오사'라는 것은 한 번 베껴야 할 것을 두 번 베끼는 것을 말한다. 이와 반대되는 개념은 '중자탈오'重字脫誤인데, 두 번 또는 그 이상 겹치는 같은 글자를 한 번 또는 그 이상 빠뜨리고 베낌으로써 이문이 나타나는 것이다. 데살로니가전서 2장 7절은 원문이 무엇인가에 따라서 '중자탈오'가 될 수도 있고, '중복오사'가 될 수도 있다. 많은 사본에는 "그러나 우리는 어린아이가 되었습니다."(ἀλλὰ ἐγενήθημεν νήπιοι)로 되어 있고, 또 다른 많은 사본에는 "그러나 우리는 유순하게 되었습니다."(ἀλλὰ ἐγενήθημεν ἤπιοι)로 되어 있다. 이 경우는, 무엇이 원래의 본문이고 무엇이 변개된 본문인지에 대한 판단에 따라, 한 번 쓰여야 할 뉘(N)가 한 번 더 쓰여 '중복오사'라는 이문이 발생한 것인지, 아니면 두 번 쓰여야 할 뉘(N)가 한 번만 쓰여 '중자탈오'라는 이문이 발생한 것인지를 판단하게 된다.[23)]

그리스어 신약성서 사본을 베끼는 과정에서 수많은 이문들이 나타나게 된 이유 가운데 하나는, 그리스어 사본 필사 작업에 참여한 필사자들의 정신구조와 깊이 관련되어 있다. 이들은 일반적으로 글자 하나하나를 꼼꼼하게 베낀 것이 아니라, 본문의 내용, 즉 아이디어를 옮겼다. 특히 3세기 이전의 필사자들의 경우가 그러하다. 그들은 대본에서 자신들이 읽고 이해하여 머릿속에 들어 있는 내용을 새 종이에 옮겨 썼다. 그러한 과정에서 수많은 이문들이 무의식적으로 만들어졌다. 더군다나 그리스-로마 세계의 필사자들은 히브리 전통의 필사자들과는 다른 정신구조를 가지고 있었다. 히브리 전통의 필사자들은 성서를 베낄 때에 틀려 보이는 것까지도 '그대로' 베껴야 했지만, 그리스-로마 세계의 필사자들에게는 어느 정도 자유가 허용되었다. 대본에 실수가 있는 것 같다거나, 내용이 잘 이해되지 않는 경우에는 이를 교정할 수 있는 자유가 있었던 것이다. 그들에게는 '글자'를 옮기는 것보다 '내용'을 옮기는 일이 더 중요했기 때문이다. 물론 이러한 필사방식이 지속되지는 않았다. 4세기 이후부터 기독교 필사자들은 유대 전통에 따라서 대본을 엄격하게 필사하기 시작했다. 더군다나 수도원에 필사실이 생기면서, 엄격한 통제 가운데 특정 본문이 대량으로 필사되기 시작하였다.[24)]

신약성서, 우리에게 오기까지

제3장 파피루스 사본

최초의 신약성서 사본은 파피루스 용지에 쓰였다. 추측하건대 이미 1세기부터 기독교인들은 파피루스 용지를 사용하지 않았을까 생각된다. 물론 2세기에 기독교인들이 주로 파피루스 용지를 사용했다는 증거들은 명백하다. 그런데 흥미로운 점은 기독교의 모체가 되는 유대교에서는 경전을 만드는데 파피루스 용지를 사용하지 않았다는 것이다.

○ 제3장 파피루스 사본

1. 파피루스와 책

그리스어 신약성서 사본들은 크게 네 그룹으로 분류되는데, 이 가운데 하나가 파피루스 사본이다. 파피루스 사본들이 나머지 사본들과 구분되는 점은 파피루스라고 하는 용지를 사용한다는 점이다. 파피루스는 원래 사과초 식물의 이름이다. 고대 이집트인들은 늦어도 기원전 3,000년경부터 이 식물을 사용하여 용지를 만들었는데,[1] 이 식물의 이름을 따서 용지의 이름을 파피루스라고 부른다. 또한 이 용지에 쓴 문서도 파피루스라고 한다. 이처럼 파피루스라는 용어는 크게 세 가지 의미를 가지고 있으므로 사용되는 문맥에 맞춰 그 뜻을 이해해야 한다. 그 가운데 우리가 사본학이나 본문비평에서 파피루스라고 부르는 것은 일반적으로 세 번째의 쓰임, 즉 파피루스 문서를 말한다.

먼저 파피루스의 제작 과정을 살펴보자. 고대 이집트 나일 강 하류의 델타 지역에서 많이 자라던 파피루스 식물은 갈대의 일종으로, 키가 2-3m 정도 되며, 큰 것은 6m에 이른다. 삼각형 모양의 긴 줄기가 있는데, 자랄수록 마치 벼가 고개를 숙이듯이 밑으로 처지는 길고 가느다란 가지가 줄기 끝에 나 있다. 고대 이집트 제1 왕조 때부터 이 식물의 줄기를 사용하여 용지를 만들었다고 한다.[2] 줄기는 용지의 재료로 사용되는 것 이외에도 배를 만드는 재료나 땔감으로도 사용되었다.

파피루스 용지를 만들기 위해서는 두껍게는 어른의 팔뚝 정도 되는 파피루스 줄기를 적당한 크기로 자른다. 적당한 크기란 제작하고자 하는 용지의 크기에 따라 변하지만, 대략 30-60cm 정도 된다. 녹색의 껍질을 벗기면 안쪽으로 흰 속이 드러나는데, 이것을 길이 방향으로 얇게 자른다. 얇게 자르기 힘들 경우, 돌과 같은 것으로 찍어서 얇게 펴주기도 한다. 이렇게 해서 나온 얇고 긴 조각들을 물에 담가두었다가 하루 이틀 지난 후에 꺼내서 단단한 표면 위에 나란히 놓는다. 세로로 놓인 얇은 판 위에 이번에는 조각들을 가로로 한 겹을 더 놓는다. 줄기를 얇게 자른 조각들이 두 겹으로 겹쳐졌으면, 그 위에 부드러운 천이나 판자를 덮어 물기를 흡수하도록 한다. 이때 무거운 돌 같은 것을 올려놓아도 좋다. 가로와 세로 90도 방향으로 놓인 두 겹의 얇은 조각은 파피루스 줄기의 수액으로 서로 달라붙게 되는데, 나무 방망이로 가볍게 두들겨 주어서 두 개의 층이 단단하게 엉겨 붙도록 한다. 그런 후에는 햇볕에 말려 건조시킨다. 건조된 용지를 경석輕石으로 가볍게 문질러 표면을 매끄럽

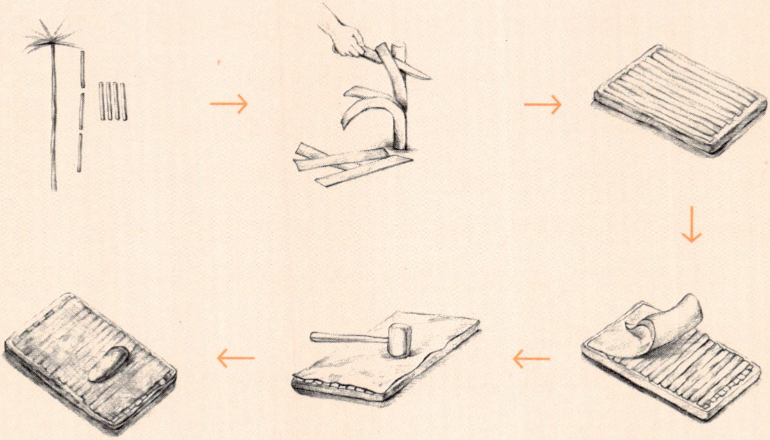

파피루스 제작 과정

게 하고, 상아 같은 것으로 문질러 윤기를 냄으로써 파피루스 용지의 제작이 완성된다.

물론 두루마리 형태의 책으로 사용하려는 파피루스 용지라면, 각각의 용지를 서로 연결하는 작업도 필요할 것이다. 이렇게 만든 파피루스 용지를 자세히 보면, 한쪽 면은 가로줄 무늬가 선명하게 나 있고, 반대쪽 면은 세로줄 무늬가 선명하게 나 있는 것을 볼 수 있다. 두루마리 형태로 책을 만들어 사용할 경우에는 가로로 줄이 난 쪽만을 사용하는 반면에, 양면을 다 사용할 경우에는 가로줄이 있는 쪽이 앞면이 되고, 세로줄이 있는 쪽이 뒷면이 된다.

얕은 물가에서 잘 자라는
파피루스 식물

예전에는 파피루스가 잘 자라던 곳이 책 산업의 중심지였다. 성서를 의미하는 영어의 '바이블'Bible은 그리스어 '비블로스'(βίβλος)에서 유래되었는데, 이 그리스어 단어는 '성서'를 의미하는 단어가 아니라, 일반적인 '책'을 가리키는 일반명사였다. 이 단어는 원래 베이루트의 북쪽 약 40km 지점에 위치한 고대 페니키아의 해안도시 이름이다. 물론 오늘날에도 같은 이름으로 불린다. 이 지역은 당시 파피루스 식물 생산의 중심지였다. 파피루스가 많이 났으니, 이를 이용한 용지 생산이 활발하였고, 그러다 보니 의심할 여지 없이 책이 많이 만들어졌다. 그래서 고유명사인 이 지역의 이름이 '책'이라는 일반명사가 되었고, 고대의 책의 대표자격인 '성서'에도 같은 이름이 붙은 것이다. 결국 오늘날 우리가 '바이블'이라고 부르는 단어는 이렇게 파피루스와 밀접하게 관련되어 있다.

사실 인류에게 밝혀진 최초의 문서는 파피루스가 아니다. 점토판이나 석판이나 동판 등에 쓰인 문서가 남아 있다. 그러나 이러한 종류는 일반적으로 널리 쓰이기에는 제한점이 많았다. 그래서 그리스-로마 시대에 보편적으로 사용된 용지가 파피루스였다. 물론 나중에는 양피지가 더 중요한 용지로 사용되었지만 말이다.

최초의 신약성서 사본은 파피루스 용지에 쓰였다. 추측하건대, 이미 1세기부터 기독교인들은 파피루스 용지를 사용하지 않았을까 생각된다. 물론 2세기에 기독교인들이 주로 파피루스 용지를 사용했다는 증거들은 명백하다. 그런데 흥미로운 점은 기독교의 모체가 되는 유대교에서는 경전을 만드는 데 파피루스 용지를 사용하지 않았다는 것이다. 당시 유대교의 경전은 양피지로 된 두루마리 형태였다. 그런데 기독교인들은 유독 파피루스로 된 코덱스 형태의 책을 사용했다.

그렇다면 기독교인들은 왜 파피루스를 선호했을까? 어쩌면 경제적인 이유도 있었을 것이다. 비싼 양피지보다는 상대적으로 값이 싼 파피루스가 가난한 기독교인들에게 더 적절했을 것이다. 또 다른 이유를 찾는다면, 자기 정체성과도 연관이 있을 것으로 추정된다. 유대교와 다른 종교라는 정체성을 갖게 된 초기 기독교인들이 자신들의 경전을 생산할 때 유대교와는 다른 용지를 선택했을 가능성이 있다. 양피지 대신 파피루스를 사용한 것은 어쩌면 기독교인들이 두루마리 형태를 버리고 코덱스 형태의 책을 사용한 것과도 일맥상통할 수 있다.[3]

2. 파피루스 사본의 발견

신약성서 파피루스 사본은 19세기 중엽 티셴도르프Konstantin von Tischendorf, 1815-74라는 독일 학자가 처음으로 발견하였다. 라이프치히 대학의 교수였던 그는 지금 우리에게 파피루스 11번(𝔓11)으로 알려진 조각을 발견하고 해독하였다. 그렇지만 19세기 말까지만 해도 파피루스 사본에 대한 관심은 그리 크지 않았다. 발견된 파피루스 사본이 몇 개 되지도 않았을 뿐더러, 그 파피루스 사본들이 초기 사본도 아니었기 때문이다. 19세기 말에 이르러서야 파피루스 사본에 관심이 집중되었다. 초기 파피루스 사본들이 대량으로 발견되었기 때문이다.

1896-97년에, 영국의 그렌펠B. P. Grenfell과 헌트A. S. Hunt는 이집트의 나일 강 상류에 위치한 옥시링쿠스Oxyrhynchus[4]라는 곳에서 다량의 파피루스 사본을 발견하였다. 그들은 발견한 파피루스 사본들을 영국의 옥스퍼드로 가져갔다. 지금도 옥스퍼드의 에쉬몰리언 박물관Ashmolean Museum에 얼마나 많은 파피루스 사본들이 해독되지 않은 채 남아 있는지 정확히는 알 수 없다. 필자가 옥스퍼드에 가보니, 이미

발표된 사본들은 에쉬몰리언 박물관 옆에 있는 세클러 도서관 Sackler Library에 소장되어 있었다. 미리 신청하고 방문한다면, 누구든지 여기에 보관되어 있는 사본을 열람할 수 있으며, 이때 전자현미경을 사용하여 사본을 관찰하게 된다.

그렌펠과 헌트가 옥시링쿠스에서 발굴 작업을 하던 중에, 두 번째로 발견한 사본이 바로 우리에게 파피루스 사본 1번으로 알려진 사본(𝔓1)이다. 그들이 발견한 첫 번째 사본은 그리스어로 된 도마복음서 단편 사본이다. 지금까지 옥시링쿠스에서 발견된 파피루스 사본들 가운데 신약성서의 내용이 포함된 사본은 40개가 훌쩍 넘지만, 이것들이 전체 옥시링쿠스 파피루스 사본들 가운데서 차지하는 비중은 채 1%에도 미치지 못한다. 오늘날까지도 100여 년 전에 발견된 사본 조각들이 하나씩 하나씩 발표되고 있다. 19세기 이후에 옥시링쿠스와 파윰 Fayyum 등 이집트의 여러 곳에서 많은 신약성서 파피루스 사본들이 발견되었고, 그래서 오늘날에는 그 일련번호가 124번에 이르게 되었다.

20세기 초에는 파피루스 사본이 신약학 분야의 최대의 화두가 될 정도로 학자들의 관심을 끌었다. 신약성서 본문비평학 분야가 학문적으로 급속하게 발전한 것도 이때였다. 이러한 관심의 핵심에는 3세기 이전의 사본들이 자리를 잡고 있었다. 옥시링쿠스에서 대량의 파피루스 사본이 발견되기 전에는 3세기 이전의 사본에 대한 정보가 전혀 없었다. 그 당시의 가장 오래된 사본이라고 한다면, 4세기의 대문자 사본들이었다.[5] 그런데 파피루스 사본의 발굴과

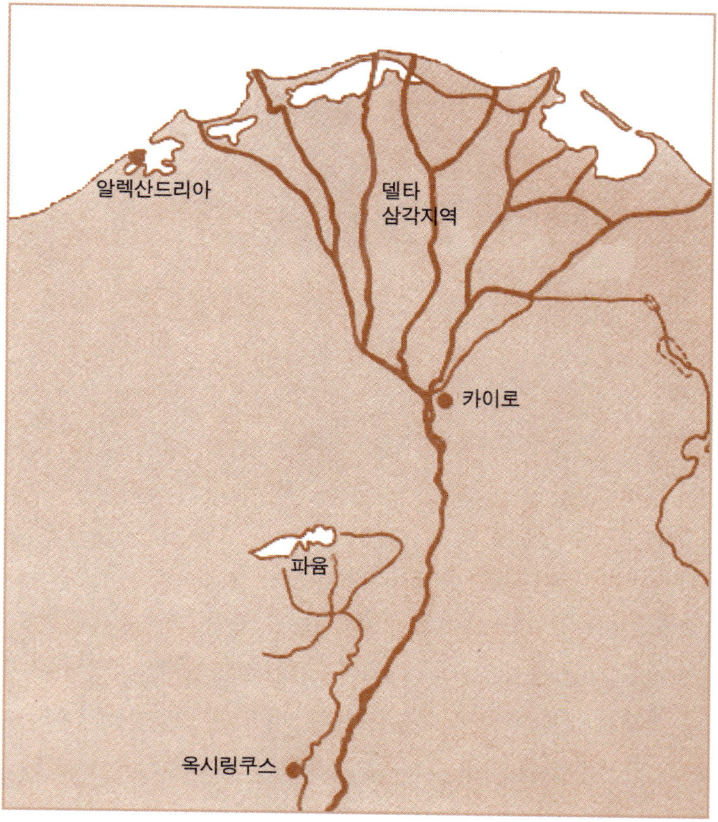

옥시링쿠스의 위치

❶

𝔓1 뒷면(마 1:14-20) 해독 및 본문 재구성

함께 3세기의 사본, 심지어는 2세기의 사본을 얻게 된 것이다. 그러나 이 뜨거운 관심은 오래 지속되지 못하였다. 왜냐하면 20세기 초에 발견된 파피루스 사본들은 하나같이 단편斷片[6]이었기 때문이다. 바티칸 사본이나 시내 사본 같은 대문자 사본들이 오늘날 신약 정경에 포함되어 있는 문서들을 거의 모두 포함하고 있는 반면에, 단편 사본에 기록된 신약성서 본문의 양은 너무나도 적었다. 물론 모든 단편 사본들이 코덱스의 일부였지만, 남아 있는 부분은 겨우 몇 절에 지나지 않았던 것이 문제였다. 이러한 작은 단편들로는 신약

2

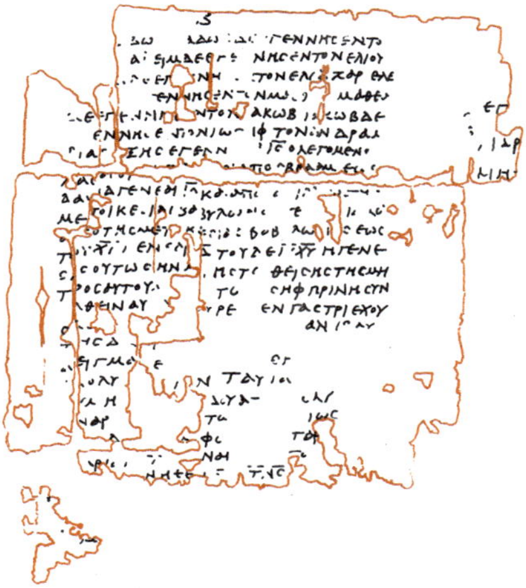

3

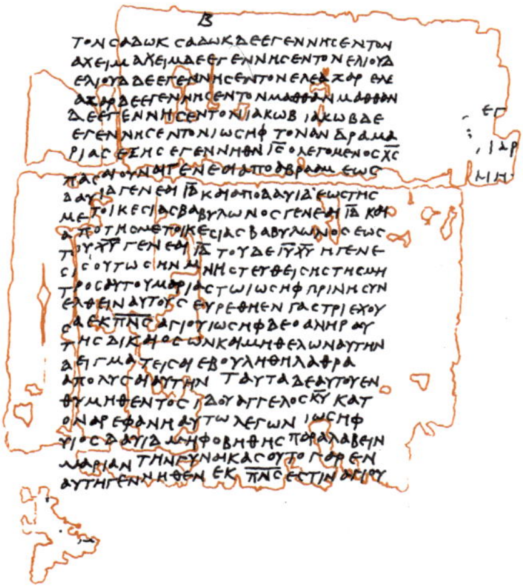

Β
ΤΟΝ ϹΑΔΩΚ ϹΑΔΩΚ ΔΕ ΕΓΕΝΝΗϹΕΝ ΤΟΝ
ΑΧΕΙΜ ΑΧΕΙΜ ΔΕ ΕΓΕΝΝΗϹΕΝ ΤΟΝ ΕΛΙΟΥΔ
ΕΛΙΟΥΔ ΔΕ ΕΓΕΝΝΗϹΕΝ ΤΟΝ ΕΛΕΑΖΑΡ ΕΛΕ
ΑΖΑΡ ΔΕ ΕΓΕΝΝΗϹΕΝ ΤΟΝ ΜΑΘΘΑΝ ΜΑΘΘΑΝ
ΔΕ ΕΓΕΝΝΗϹΕΝ ΤΟΝ ΙΑΚΩΒ ΙΑΚΩΒ ΔΕ
ΕΓΕΝΝΗϹΕΝ ΤΟΝ ΙΩϹΗΦ ΤΟΝ ΑΝΔΡΑ ΜΑ
ΡΙΑϹ ΕΞ ΗϹ ΕΓΕΝΝΗΘΗ ΙϹ Ο ΛΕΓΟΜΕΝΟϹ ΧϹ
ΠΑϹΑΙ ΟΥΝ ΑΙ ΓΕΝΕΑΙ ΑΠΟ ΑΒΡΑΑΜ ΕΩϹ
ΔΑΥΙΔ ΓΕΝΕΑΙ ΙΔ ΚΑΙ ΑΠΟ ΔΑΥΙΔ ΕΩϹ ΤΗϹ
ΜΕΤΟΙΚΕϹΙΑϹ ΒΑΒΥΛΩΝΟϹ ΓΕΝΕΑΙ ΙΔ ΚΑΙ
ΑΠΟ ΤΗϹ ΜΕΤΟΙΚΕϹΙΑϹ ΒΑΒΥΛΩΝΟϹ ΕΩϹ
ΤΟΥ ΧΥ ΓΕΝΕΑΙ ΙΔ ΤΟΥ ΔΕ ΙΥ ΧΥ Η ΓΕΝΕ
ϹΙϹ ΟΥΤΩϹ ΗΝ ΜΝΗϹΤΕΥΘΕΙϹΗϹ ΤΗϹ ΜΗ
ΤΡΟϹ ΑΥΤΟΥ ΜΑΡΙΑϹ ΤΩ ΙΩϹΗΦ ΠΡΙΝ Η ϹΥΝ
ΕΛΘΕΙΝ ΑΥΤΟΥϹ ΕΥΡΕΘΗ ΕΝ ΓΑϹΤΡΙ ΕΧΟΥ
ϹΑ ΕΚ ΠΝϹ ΑΓΙΟΥ ΙΩϹΗΦ ΔΕ Ο ΑΝΗΡ ΑΥ
ΤΗϹ ΔΙΚΑΙΟϹ ΩΝ ΚΑΙ ΜΗ ΘΕΛΩΝ ΑΥΤΗΝ
ΔΕΙΓΜΑΤΕΙϹΑΙ ΕΒΟΥΛΗΘΗ ΛΑΘΡΑ
ΑΠΟΛΥϹΑΙ ΑΥΤΗΝ ΤΑΥΤΑ ΔΕ ΑΥΤΟΥ ΕΝ
ΘΥΜΗΘΕΝΤΟϹ ΙΔΟΥ ΑΓΓΕΛΟϹ ΚΥ ΚΑΤ
ΟΝΑΡ ΕΦΑΝΗ ΑΥΤΩ ΛΕΓΩΝ ΙΩϹΗΦ
ΥΙΟϹ ΔΑΥΙΔ ΜΗ ΦΟΒΗΘΗϹ ΠΑΡΑΛΑΒΕΙΝ
ΜΑΡΙΑΝ ΤΗΝ ΓΥΝΑΙΚΑ ϹΟΥ ΤΟ ΓΑΡ ΕΝ
ΑΥΤΗ ΓΕΝΝΗΘΕΝ ΕΚ ΠΝϹ ΕϹΤΙΝ ΑΓΙΟΥ

성서 전체를 재구성할 수 없었기에, 파피루스 사본에 대한 첫 번째 관심의 물결이 가라앉게 된 것이다.

그러다가 1930년대에 파피루스 사본에 대한 관심이 다시 한 번 일어났다. 영국의 체스터 비티 경Chester Beatty卿은 이집트의 상인에게서 취득한 파피루스 사본을 여러 개 갖고 있었는데, 그 가운데 세 개의 사본이 그리스어로 쓰인 신약성서 사본이었다. 이 사본들은 3세기의 것임에도 불구하고, 단편이 아니라 신약성서의 상당한 분량을 담고 있었다. 이것들은 현재 파피루스 사본 45번(𝔓45), 46번(𝔓46), 47번(𝔓47)으로 명명되는데, 집합적으로 '체스터 비티 파피루스'라고 부르기도 한다. 이 세 사본 중에서 파피루스 사본 45번(𝔓45)이 가장 많은 주목을 받았다. 3세기에는 다른 형태의 마가복음 본문이 크게 유행했을 것이라는 당시의 추측을 이 사본이 뒷받침해 주는 것으로 여겨졌기 때문이다. 그러나 이 사본에 대한 본문비평적인 연구 결과, 그러한 기대는 어긋나고 말았다.[7)]

다시 한 번 파피루스 사본에 대한 학계의 관심이 고조된 것은 1950년대였다. 스위스의 보드머Bodmer라는 사람이 취득하여 출판한 사본들 가운데 몇 개가 신약성서 사본이었다. 이것들은 파피루스 사본 66번(𝔓66), 72번(𝔓72), 73번(𝔓73), 74번(𝔓74), 75번(𝔓75)인데, 파피루스 사본 73번(𝔓73)을 제외하고는 체스터 비티 파피루스와 마찬가지로 신약성서의 상당량을 포함하고 있다. 이 가운데 특히 관심을 끄는 것은 파피루스 사본 66번(𝔓66)과 75번(𝔓75)이다. 이 두 사본에 대한 연구 결과, 3세기 이전에도 오늘날 우리가 보는 것과 유사한 본

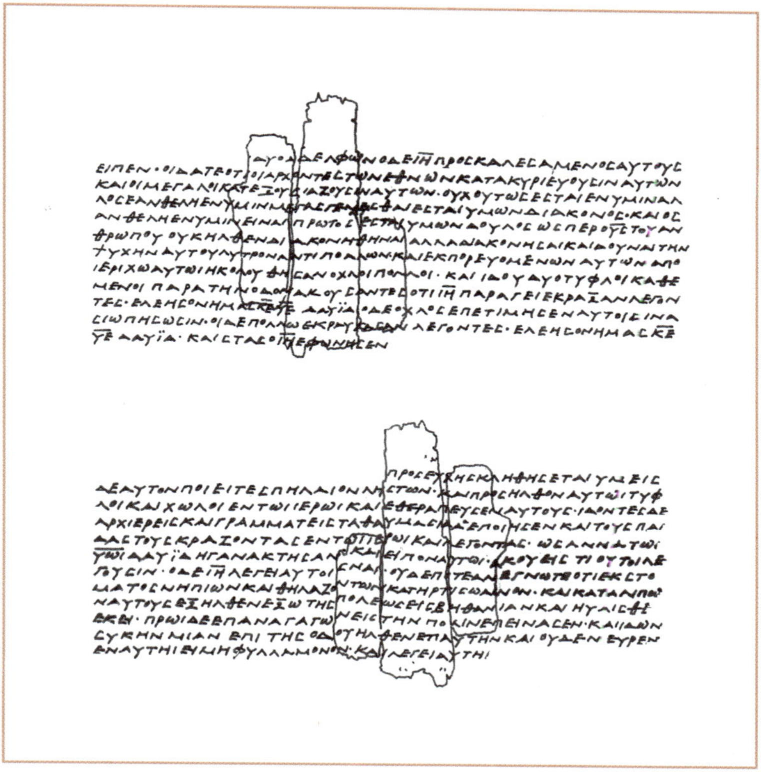

𝔓45 첫 장의 앞면(마 20:24-32)과 뒷면(마 21:13-19)의 해독 및 본문 재구성.
이 사본은 3세기 사본으로 네 복음서와 사도행전의 일부를 포함하고 있다.

𝔓66. 200년경의 사본으로 요한복음 일부가 포함되어 있다.

문이 유통했을 가능성이 학문적으로 설득력 있게 논증되었다.[8)]

20세기 중엽까지는, 2세기 또는 3세기에 오늘날과는 다른 형태의 본문이 유통했으리라는 추측이 무성하였다. 물론 이러한 추측은 2세기나 3세기의 초기 사본들을 연구해서 추론한 가설이 아니었다. 3세기 이전의 사본을 알지 못하던 시절에 그 시대의 본문에 간접적으로나마 접근할 수 있는 유일한 방법은 교부들의 성서 인용문이었다. 순교자 유스티누스Justinus the Martyr라든가 리옹의 교부 이레니우스Irenaeus 같은 초기 기독교 저술가들의 글이나 비슷한 시기의 기독교 영지주의자들의 글에 보면, 종종 성서를 인용한 흔적을 발견할 수 있다. 이들은 글을 쓰는 중간중간에 신약성서의 구절을 인용했는데, 학자들은 이것을 통해서 2세기 또는 3세기의 본문을 밝히려고 하였다.

이러한 시도를 한 학자들은, 2세기와 3세기에는 오늘날과는 '다른 형태'의 본문이 유통했다는 잠정적인 결론에 도달하였다. 교부들의 글에 인용된 성서 본문의 형태가 오늘날 우리가 보는 성서 본문의 형태와 차이를 드러냈기 때문이다. 그러나 여기서 말하는 다른 형태의 본문이란 결코 『다 빈치 코드』에서 말하는 것과 같은 수준의 '다른' 본문을 말하는 것이 아니다. 이 학자들이 주장한 다른 본문이란 '풀어쓴' 본문이다. 이해하기 어려운 구절을 이해하기 쉽게 풀어 쓰고, 앞뒤 문맥이 맞지 않는 구절이 있으면 적당한 내용을 삽입하거나 또는 삭제하여 문맥을 매끄럽게 하는 그런 본문 형태이다. 흔히들 '서방 본문'이라고 부르는 형태가 이와 같은 경향을 보이는데, 베자 사본에 나타나는 사도행전 본문이 대표적인 예이다. '풀어서 쓰다' 보니 이 본문은 우리가 읽는 사도행전보다 더 길다. 이러한 본문 형태가 그 당시의 대표적인 본문 형태였다고 생각한 것이다.

하지만 3세기 이전의 사본들을 많이 얻게 된 오늘날에는 이 같은 주장이 더 이상 유효하지 않다. 3세기 이전의 사본들을 연구한 결과, 2세기와 3세기에는 오늘날 우리가 보고 있는 본문과 동일한 형태의 본문이 유통되었다는 사실이 밝혀졌다.[9] 초기 교부들의 성서 인용문들이 소위 '서방 본문'이라고도 하는 이 '풀어쓴' 본문과 비슷한 이유는, 이들이 가지고 있던 신약성서가 그러한 본문을 담고 있었기 때문이 아니라, 당시 저술가들의 글쓰기 방식이 그러한 특징을 지녔기 때문이다. 마치 오늘날 설교자들이 성서를 인용하는 습관과 비슷하다. 상당수 설교자들이 성서의 본문을 '그대로' 인용하지 않고, 필요에 따라 '문맥에 맞게 교정하여' 인용하듯이, 그 당시의 저술가들도 그렇게 성서 본문을 인용했던 것이다. 하여간 초기 파피루스 사본에 대한 연구를 통해서 우리는 지금 우리가 보고 있는 성서가 원본문에 가까운 고대의 본문을 얼마나 잘 재구성해 놓았는지를 확인할 수 있게 되었다.

이제 몇 개의 사본을 하나씩 살펴보도록 하자. 먼저 소개할 사본은 파피루스 사본 4/64/67번(𝔓4/64/67)이다. 이 파피루스 사본은 세 개의 사본으로 취급되지 않고 하나의 사본으로 취급된다. 처음에 독립적으로 발표된 세 개의 단편이 사본학자들의 연구 결과 하나의 코덱스에서 나왔을 가능성이 매우 큰 것으로 밝혀졌기 때문이다. 번호는 세 개이지만, 결국 하나의 사본이 되는 것이다. 따라서 파피루스 사본의 일련번호가 124번까지 있다고 해서 파피루스 사본이 124개가 있는 것은 아니다. 이와 같은 사본들이 몇 개 더 있다. 파피루스 사본 33번(𝔓33)과 58번(𝔓58)이 처음에는 독립적으로 발표, 출판되었지만, 하나의 코덱스에서 나왔을 것으로 추정되며, 파피루스 사본 15번(𝔓15)과 16번(𝔓16)도 마찬가지다. 파피루스 사본 49번(𝔓49)과 65번(𝔓65)도 그러하며, 파피루스 사본 77번(𝔓77) 또한 최근에 출판된 파피루스 사본 103번(𝔓103)과 같은 코덱스에서 나왔을 가능성이 강하게 제기되고 있다. 그렇다면 왜 이런 현상이 벌어지는 것일까?

체스터 비티 파피루스 가운데 하나인 파피루스 사본 45번(𝔓45)에서 우리는 흥미로운 사실을 발견할 수 있다. 이 사본은 영국의 더블린에 소장되어 있는데, 유독 조그마한 조각 하나가 오스트리아의 비엔나에 있다. 이 사본을 체스터 비티에게 판매한 이집트 카이로의 상인이 이 조각을 '따로' 오스트리아에 팔았기 때문이다. 다시 말하자면, 이 사본을 가지고 있던 골동품상이 더 큰 수익을 올리기 위해 이미 계약한 사본에서 한 조각을 빼돌려 다른 고객에게 판 것이다. 그 결과, 같은 코덱스에 포함되어야 할 조각들이 서로 떨어져서 다른 곳에 소장되게 되었다.

보관 또는 이동하는 과정에서 같은 면에 해당하는 조각들이 서로 헤어지는 경우도 있다. 파피루스 사본 77번(𝔓77)의 경우가 그러하다. 이 사본은 이미 100여 년 전에 발견되었는데, 첫 번째 조각이

𝔓77. 첫 번째 그림은 1968년에 발표된 조각이며, 두 번째는 1997년에 발표된 조각이 포함된 상태의 그림이다. 그다음 그림들은 이것을 해독하고(세 번째 그림) 본문을 재구성한(네 번째 그림) 것이다.

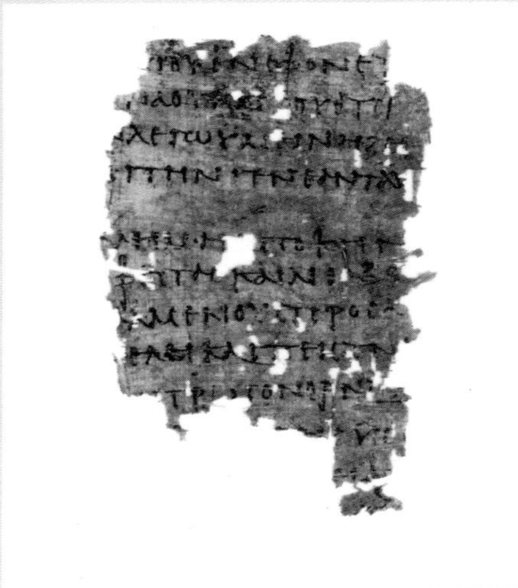

❶

❷

③

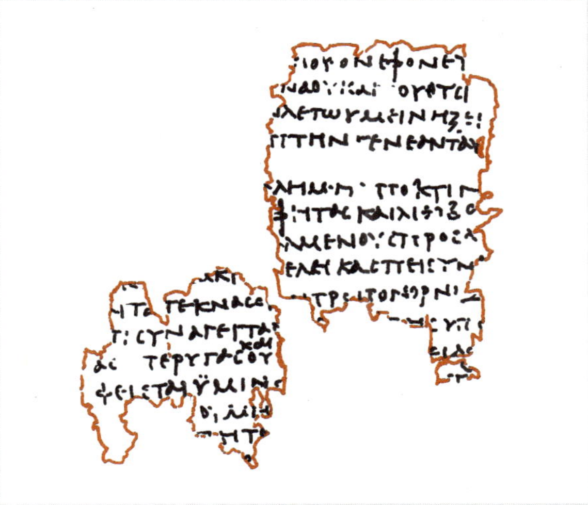

④

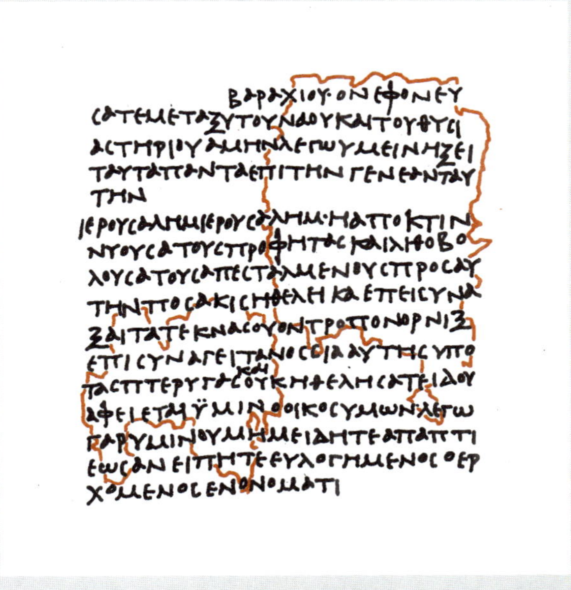
ΒΑΡΑΧΙΟΥ ΟΝ ΕΦΟΝΕΥ
ΣΑΤΕ ΜΕΤΑΞΥ ΤΟΥ ΝΑΟΥ ΚΑΙ ΤΟΥ ΘΥΣΙ
ΑΣΤΗΡΙΟΥ ΑΜΗΝ ΛΕΓΩ ΥΜΕΙΝ ΗΞΕΙ
ΤΑΥΤΑ ΠΑΝΤΑ ΕΠΙ ΤΗΝ ΓΕΝΕΑΝ ΤΑΥ
ΤΗΝ
ΙΕΡΟΥΣΑΛΗΜ ΙΕΡΟΥΣΑΛΗΜ Η ΑΠΟΚΤΙΝ
ΝΟΥΣΑ ΤΟΥΣ ΠΡΟΦΗΤΑΣ ΚΑΙ ΛΙΘΟΒΟ
ΛΟΥΣΑ ΤΟΥΣ ΑΠΕΣΤΑΛΜΕΝΟΥΣ ΠΡΟΣ ΑΥ
ΤΗΝ ΠΟΣΑΚΙΣ ΗΘΕΛΗ ΚΑ ΕΠΕΙΣΥΝΑ
ΞΑΙ ΤΑ ΤΕΚΝΑ ΣΟΥ ΟΝ ΤΡΟΠΟΝ ΟΡΝΙΞ
ΕΠΙΣΥΝΑΓΕΙ ΤΑ ΝΟΣΣΙΑ ΑΥΤΗΣ ΥΠΟ
ΤΑΣ ΠΤΕΡΥΓΑΣ ΟΥΚ ΗΘΕΛΗΣΑΤΕ ΙΔΟΥ
ΑΦΕΙΕΤΑΙ ΥΜΙΝ Ο ΟΙΚΟΣ ΥΜΩΝ ΛΕΓΩ
ΓΑΡ ΥΜΙΝ ΟΥ ΜΗ ΜΕ ΙΔΗΤΕ ΑΠ ΑΡΤΙ
ΕΩΣ ΑΝ ΕΙΠΗΤΕ ΕΥΛΟΓΗΜΕΝΟΣ Ο ΕΡ
ΧΟΜΕΝΟΣ ΕΝ ΟΝΟΜΑΤΙ

오스트리아 비엔나에 소장되어 있는 사본 45번(𝔓45) 일부. 앞면에는 마태복음 25장 41절에서 26장 18절까지, 뒷면에는 26장 18-39절의 일부가 기록되어 있다.

1968년에 출판되었다. 그러다가 1997년, 첫 번째 조각이 발표되고 나서 약 30년이 흐른 뒤에, 같은 면에 해당되는 또 다른 조각이 발표되었다. 첫 번째 조각보다는 다소 작다. 앞으로도 이러한 조각들이 계속 발견될 가능성이 있다.

필사자들의 실수가 잘 드러난 흥미로운 사본 하나를 살펴보도록 하자. 파피루스 사본 37번(𝔓37)이다. 이 사본의 뒷면에는 예수가 체포되는 마태복음 26장의 내용이 기록되어 있다. 다음은 마태복음 26장 47-50절의 내용이다.

47 예수께서 아직 말씀하고 계실 때에, 열두 제자 가운데 하나인 유
다가 왔다. 대제사장들과 백성의 장로들이 보낸 무리가 칼과 몽둥이
를 들고 그와 함께 있었다. 48 그런데 예수를 넘겨줄 자가 그들에게
암호를 정하여 주며 말하기를 "내가 입을 맞추는 사람이 바로 그 사
람이니, 그를 잡으시오." 하였다. 49 유다가 곧바로 예수께 다가가서
말하였다. "안녕하십니까? 선생님!" 그리고 그에게 입을 맞추었다. 50
예수께서 그에게 **말하였다**. "친구여, 무엇 때문에 여기에 왔느냐?"[10]
바로 그때 그들이 다가와서, 예수께 손을 대어 붙잡았다. —사역

위의 본문에서는 열두 제자 가운데 하나인 유다와 예수가 한 마디씩을 주고받고 있다. 유다가 예수께 "안녕하십니까?"하고 인사를 건네자, 예수는 유다에게 "왜 이곳에 왔느냐?"하고 묻는다. 그런데 이 사본을 쓴 필사자는 두 번에 걸쳐 대본에 나오는 "말하였

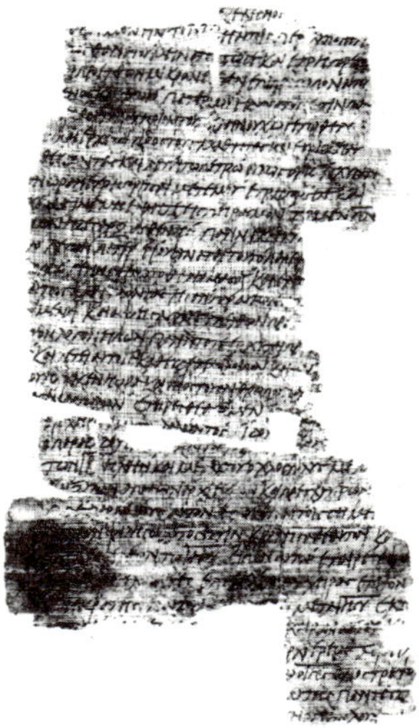

𝔓37의 뒷면(마 26:37–52)과 본문 재구성

다"는 표현 때문에 그만 실수를 저지르고 만다. 대본을 읽고 눈을 떼서 첫 번째 "말하였다"까지 베낀 필사자는, 그 다음 내용을 읽으려고 대본에 눈을 돌렸을 때, 자기가 두 번째 "말하였다"를 쓴 것으로 착각하고, 여기서부터 그 다음 이야기를 이어 쓴 것이다. 그 결과, 두 번에 걸쳐 나오는 "말하였다" 사이에 기록된 내용이 빠지고 말았다. 지루한 필사 작업에 지친 필사자들이 흔히들 일으키는 실수이다. 이런 현상을 우리는 '동일문미' 또는 '유사문미'Homoioteleuton 라고 부른다. 결국 이 사본의 본문은 다음과 같이 되어 있다.

> 47 예수께서 아직 말씀하고 계실 때에, 열두 제자 가운데 하나인
> 유다가 왔다. 대제사장들과 백성의 장로들이 보낸 무리가 칼과 몽둥
> 이를 들고 그와 함께 있었다. 48 그런데 예수를 넘겨줄 자가 그들에
> 게 암호를 정하여 주며 말하기를 "내가 입을 맞추는 사람이 바로 그
> 사람이니, 그를 잡으시오" 하였다. 49 **유다가 곧바로 예수께 다가가
> 서 말하였다**. "친구여, 무엇 때문에 여기에 왔느냐?" 바로 그때 그들
> 이 다가와서, 예수께 손을 대어 붙잡았다. —사역

한때 파피루스 사본들은, 그것들의 고대성에도 불구하고 그리 높은 평가를 받지 못하였다. 원본문을 복원하는 일에 크게 도움이 되지 않는다고 여겨졌기 때문이다. 7개를 제외한 대다수가 단편이기 때문에 신약성서 전체를 망라하지 못한다는 것이 파피루스 사본의 한계점이다. 그러나 파피루스 사본들이 신약 전체를 포괄해

현존하는 가장 오래된 사본으로 알려진 𝔓52의 앞면.(요 18:31-33)
뒷면에는 37-38절의 일부가 기록되어 있다.

야만 가치가 있는 것은 아니다. 파피루스 사본들이 중요한 이유는, 이 사본들이 오늘날 우리가 사용하는 본문의 우수성을 증명해 주기 때문이다. 20세기 이후 우리가 재구성한 신약성서 본문은 주로 4세기 이후의 대문자 사본들을 토대로 하고 있다. 그런데 그 이전의 사본들이 발견될 때마다, 그것들은 우리가 재구성한 본문이 사실은 4세기의 본문이 아니라, 2-3세기의 본문임을 입증해 준다. 즉 2-3세기의 본문이 오늘날까지 잘 보존되어 있다는 것이다.

가장 오래된 고대 사본은 파피루스 사본 52번(𝔓52)으로 기원후 2세기 전반부인 120-150년 사이에 기록된 것으로 추정된다. 요한복음 18장의 일부가 기록되어 있는 단편이기 때문에, 안타깝게도 후대의 삽입으로 추정되는 요한복음 21장의 유무가 확인되지는 않는다.

3. 파피루스 사본에 대한 새로운 관심

최근 들어 이들 단편들이 새로운 조명을 받기 시작하였다. 본문비평학적으로 이것들을 연구할 적절한 방법이 이전에는 없었는데, 이제 새로운 방법들이 시도되고 있다. 새로운 방법을 개발하려는 이유는 지금까지 '소외'되었던 단편 사본들을 연구해야 한다는 필요성이 대두되었기 때문이다.[11] 실제로 새롭게 제시된 방법을 사용해 보니, 이 단편 사본들 가운데 신약성서의 본문을 재구성하는

데 결정적인 역할을 수행하는 것들이 있다는 사실이 밝혀졌다. 그 가운데 하나가 파피루스 사본 104번(𝔓104)이다. 1997년에 발표된 이 파피루스 단편은 본문비평학적으로 매우 중요한 위치를 차지하고 있다. 이 사본을 근거로 하여 마태복음 21장 44절 한 절을 신약성서에서 뺄 수도 있기 때문이다.[12)]

세로 5cm, 가로 7cm에 불과한 이 작은 단편의 앞면은 글자들이 선명하게 보이나, 뒷면은 거의 보이지 않는다. 앞면의 본문이 마태복음 21장 34-37절의 일부라는 것은 선명하게 보이는 글자들로 분명하게 인식할 수 있다. 그런데 문제는 뒷면이다. 어렴풋이 인식할 수 있는 에타(E)와 카파(K), 두 문자를 제외하고는 제대로 읽을 수 있는 글자가 없다. 이 사본을 해독한 학자들은 선과 점만이 드문드문 보이는 뒷면을 연구하고는, 여기에 마태복음 21장 43절과 45절의 일부가 기록되어 있다고 추정한다. 그것도 44절은 없이 말이다. 이것이 어떻게 가능한가?

코덱스 사본은 으레 앞면과 뒷면에 글이 적혀 있게 마련이다. 한쪽에 마태복음 21장 34-37절이 기록되어 있으니, 반대편은 앞쪽이든 뒷쪽이든 그 근처의 본문이 실려 있을 것이라고 추정할 수 있다. 그래서 뒷면에 보이는 그나마 인식할 수 있는 글자 카파(K)를 중심으로 카파가 들어가는 모든 단어를 이 사본에 대입하였고, 이 카파가 마태복음 21장 43절에 나오는 카르푸스(ΚΑΡΠΟΥϹ)의 첫 글자임을 밝혀냈다. 카파(K) 주위에 있는 나머지 글자들이 사본에 남아 있는 점과 선에 일치하기 때문이다. 그런데 문제는 이 다음에, 44절

𝔓104 뒷면.(마 21:43, 45) 앞면의 글자들이 뚜렷이 보이는 것과는 달리, 뒷면은 인식할 수 있는 글자들이 거의 보이지 않으며, 글자들의 흔적인 점과 선만이 보인다.

𝔓119

𝔓120

2007년에 발표된 네 개의 사본. 이것들은 2008년 4월에 신약성서 파피루스 목록에 각각 𝔓119부터 𝔓122까지 등록되었다.

𝔓121

𝔓122

사본	내용	연대	분량	크기 (세로×가로)	소장	비고
𝔓119	요 1:21-28, 38-44	3세기	1장	11×2.7	옥스퍼드 세클러 도서관	P. Oxy. 4803
𝔓120	요 1:25-28, 33-38, 42-44	4세기	2장	6×3.5	옥스퍼드 세클러 도서관	P. Oxy. 4804
𝔓121	요 19:17-18, 25-26	3세기	1장	4.5×3.3	옥스퍼드 세클러 도서관	P. Oxy. 4805
𝔓122	요 21:11-14, 22-24	4/5세기	1장	6.5×2.8	옥스퍼드 세클러 도서관	P. Oxy. 4806
𝔓123	고전 11-12장 일부	4세기			옥스퍼드 세클러 도서관	P. Oxy. 4844
𝔓124	고후 11장 일부	6세기			옥스퍼드 세클러 도서관	P Oxy. 4845

본문이 사본에 남아 있는 흔적(점과 선)과 들어맞지 않는다는 것이다. 오히려 남아 있는 점과 선은 45절의 본문에 들어맞는다. 그래서 이것을 근거로 이 사본에는 44절이 빠져 있다고 주장하게 된 것이다. 그렇다면 마태복음 21장 44절은 어떤 본문인가? 다음은 마태복음 21장 42절 이하이다.

> 42 예수께서 그들에게 말씀하셨다. "너희는 성경에서 이런 말씀을
> 읽어 본 일이 없느냐? '집 짓는 사람이 버린 돌이 집 모퉁이의 머릿돌

이 되었다. 이것은 주님께서 하신 일이요, 우리 눈에는 놀라운 일이
다.' 43 그러므로 나는 너희에게 말한다. 하나님께서는 너희에게서
하나님의 나라를 빼앗아서, 그 나라의 열매를 맺는 민족에게 주실 것
이다. 44 [이 돌 위에 떨어지는 사람은 부스러질 것이요, 이 돌이 어떤
사람 위에 떨어지면, 그를 가루로 만들어 놓을 것이다.]" 45 대제사장
들과 바리새파 사람들은 예수의 비유를 듣고서, 자기들을 가리켜 하
시는 말씀임을 알아채고, 46 그를 잡으려고 하였으나, 무리들이 무서
워서 그렇게 하지 못하였다. 무리가 예수를 예언자로 여기고 있었기
때문이다. —『새번역』

위에서 볼 수 있듯이 44절의 본문은 꺾쇠괄호 안에 묶여 있다. 네스틀레-알란트 그리스어 성서에서도 마찬가지로 꺾쇠괄호로 묶여 있다. 이것은 이 본문이 원본문에 속하는지 속하지 않는지 매우 불확실하다는 의미이다. 그래서 편집자들이 판단을 유보한 경우이다. 편집자들의 이러한 판단은 파피루스 사본 104번(𝔓104)이 출판되기 이전에 내려졌다. 그런데 파피루스 사본 104번을 연구한 결과, 이 사본이 매우 이른 200년경의 사본일 뿐만 아니라, 여기에 실린 본문 역시 거의 변개되지 않은 매우 순수한 형태임이 드러났다. 이러한 사본에 44절이 없으니 44절이 원본문에 속하지 않을 것이라는 주장이 힘을 얻게 되었다. 그러니 언젠가는 이 사본을 근거로 하여 성서에서 절 하나가 통째로 빠질 수도 있는 것이 아닌가!

그렇다면 이러한 사본들은 도대체 얼마나 더 많이 발견될 것인

가? 2008년 3월까지만 해도, 파피루스 목록에는 118번까지의 파피루스 사본이 등록되어 있었다. 그런데 4월로 접어들어 여기에 6개의 사본이 추가되었다. 이것들은 19세기 말 옥시링쿠스에서 발견되었다가 현재 옥스퍼드에 보관되어 있는 사본들이다. 당시 옥시링쿠스에서는 다량의 사본이 발견되었는데, 이 사본들에 대한 연구와 출판은 오늘날까지 이어지고 있다. 이 가운데 2007년에 여러 개의 신약성서 사본이 출판되었다가 이것이 파피루스 목록에 포함된 것이다. 다음은 2008년 4월에 새로 목록에 추가된 파피루스 사본들이다.

앞의 도표에서 파피루스 사본 123번(𝔓123)과 124번(𝔓124)은 아직 정식으로 출판되지는 않았으나, 일부 자료가 공개되었다.[13)] 그렇다면 앞으로 얼마나 더 많은 사본들이 나타날까? 현재 옥시링쿠스에서 발견된 사본들 가운데 100여 년에 걸쳐 공식적으로 출판된 것은 5,000개가 되지 않는다. 이 가운데 신약성서 사본은 대략 1% 정도이다. 그런데 옥시링쿠스 사본의 총수가 5만 개에 달할 것으로 추정되니, 앞으로 1,000년에 걸쳐 500개나 되는 새로운 신약성서 파피루스 사본들이 소개될 것으로 예상된다.[14)] 그 가운데 파피루스 사본 104번(𝔓104)만큼 성서 본문에 직접적인 영향을 끼칠 사본이 나올 확률은 매우 높다. 오늘날 우리가 알고 있는 파피루스 사본들의 수는 모두 124개인데, 이것들이 신약성서 본문에 지대한 영향을 끼쳤음을 고려한다면, 500개의 사본이 끼칠 영향력은 산술적으로 4배에 달하기 때문이다.

제4장 대문자 사본

대문자 사본이란 신약성서의 본문이 양피지라는 용지에 그리스어 대문자로 기록된 사본이다. 대문자 사본은 양피지를 용지로 사용한다는 점에서 이전의 파피루스 사본과 구분이 된다. 물론 양피지라는 용지에 쓰인 사본이라고 해서 다 대문자 사본은 아니다. 다음 장에서 소개되는 소문자 사본들 역시 양피지에 기록되어 있다. 대문자 사본과 소문자 사본을 구분하는 기준은 용지의 종류가 아니라, 바로 글씨체이다.

○ 제4장 대문자 사본

이번 장에서는 대문자 사본을 소개하려고 한다. 대문자 사본이 무엇인지, 대문자 사본에는 대표적으로 어떤 것들이 있는지, 또 대문자 사본의 의의와 가치는 무엇인지 등을 살펴볼 것이다. 그런데 대문자 사본을 소개하다 보면, 외경 문제를 건드리지 않을 수 없다. 일부 대문자 사본에 외경, 즉 정경에 포함되지 않은 초기 기독교 문서들이 나타나기 때문이다. 그러나 외경 소개가 주된 목적이 아닌 만큼 여기에서는 대문자 사본에 대한 논의에 집중하되, 필요할 때마다 외경에 대해 언급하도록 하겠다. 이제 대문자 사본의 세계로 들어가 보자.

1. 대문자 사본의 등장과 정착

대문자 사본이란 신약성서의 본문이 양피지라는 용지에 그리스어 대문자로 기록된 사본이다. 그리스어 신약성서 사본들의 역사를 살펴보면, 기원후 4세기가 되면서 양피지가 파피루스를 대신하는 현상이 나타난다. 물론 3세기 이전에도 양피지에 쓰인 신약성서 사본이 있고, 4세기 이후에도 파피루스에 쓰인 사본이 있으니, 한 순간에 양피지가 파피루스를 대신한 것은 아니다. 콘스탄티누스 황제가 기독교를 공인한 후에, 신약성서를 기록하는 데서 점진적으로 양피지가 파피루스를 압도하게 되었다. 물론 이때에 이르러서 양피지가 발명된 것은 아니다. 유대인들은 이미 신약시대 이전부터 경전을 양피지에 썼다. 우리가 잘 아는 쿰란 사본들이 대다수 양피지 사본이라는 점만 보아도 이를 쉽게 알 수 있다. 그런데 기독교인들은 매우 초기부터 파피루스 용지를 사용하다가, 4세기경에 이르러서야 양피지를 사용하였다.

양피지[1)]는 동물의 가죽으로 만든 종이라 파피루스보다 조금 질기기는 하지만, 값이 매우 비쌀 수밖에 없다. 양피지 두루마리 책 한 권을 만들려면 여러 마리의 동물을 도살해야 했을 테니 말이다. 양피지를 만들려면, 먼저 송아지나 염소나 양 같은 동물에서 벗겨낸 가죽을 조심스럽게 씻은 다음, 하루 가량 깨끗한 물에 담근다. 그러고 나서 가죽의 털이 잘 빠지도록 약품을 탄 물에 한두 주 정도 담근다. 가죽이 미끈해지면 가죽을 꺼내고, 털의 방향을 아래로 향하도록 하여 통나무에 걸친다. 그리고 무딘 칼로 털을 밀어 빼낸다. 어느 정도 털이 깨끗하게 빠지면, 가죽을 반대쪽으로 돌려서 남아 있는 살점을 제거한다. 그러고는 약품 기운을 없애기 위해 이틀 정도 맑은 물에 담가둔다. 가죽이 깨끗해지면 나무틀을 사용하여 가죽을 팽팽하게 당기고, 다시 한 번 면도를 한 다음에, 천천히 말린다. 가죽이 마르면 또다시 가죽을 면도한다. 이제, 가죽을 틀에서 떼어내서 말아두면 훌륭한 양피지가 되는데, 사용하기 직전에 표면을 경석으로 닦아주기도 한다. 기다란 두루마리를 만들고자 한다면, 양피지를 이어 붙이는 과정을 거쳐야 한다.

로마의 역사가 플리니우스Gaius Plinius Secundus, 23-79에 따르면, 양피지는 기원전 2세기 초엽 소아시아의 페르가몬 왕조의 에우메네스 2세Eumenes II, 197-158 BC 때 발명된 것으로 전해진다.[2] 오늘날 양피지는 영어로 파치먼트parchment라고 불리는데, 이것은 페르가몬Pergamon에서 파생된 단어이다. 에우메네스 2세 때, 페르가몬에는 이집트의 알렉산드리아 도서관에 견줄 만한 매우 훌륭한 도서관이 있었다. 말하자면, 서적 분야에서 알렉산드리아와 경쟁을 하고 있었던 것이다. 이집트의 프톨레마이오스 왕조는 페르가몬의 도서관과 서적 산업을 견제하느라 이 지역에 파피루스 용지를 수출하지 못하도록 금지시켰다. 이에 대한 대책으로 에우메네스 2세는 파피루스 용지를 대신할 재료를 만들도록 하였는데, 이것이 바로 양피지의 기원이라고 플리니우스는 전한다. 그러나 양피지의 기원은 그보다 더 오래전이라는 것이 학계의 일반적인 의견이다.[3] 양피지는 발명되자마자 널리 유포되지는 못하였다. 발명되고 나서도 수세기 이후에야 비로소 파피루스를 어느 정도 제치고, 책을 만드는 주요 재료로 사용되었다.

그렇다면 4세기에 기독교 세계에서는 왜 양피지가 파피루스를 대신하게 되었을까? 코덱스 형태의 책이 두루마리 형태의 책을 대신하게 된 것이나,[4] 소문자가 대문자를 대신하게 된 데에는 그럴 만한 이유가 여럿 있다.[5] 그렇지만 양피지가 파피루스를 대신하게 된 원인은 그리 뚜렷하지 않다. 어떤 사람들은 파피루스가 잘 찢어지는 반면에 양피지는 내구성이 강하기 때문이라고 생각할지 모르겠다. 물론 파피루스 용지보다 양피지 용지가 더 강한 것은 사실이다. 하지만 파피루스 용지도 오늘날 사람들이 일반적으로 생각하는 것처럼 그렇게 약한 것이 아니다. 2,000년 전의 신약성서 파피루스 사본들이 아직까지 남아 있는 것을 보면, 심지어는 5,000년 전의 파피루스 용지가 아직까지 남아 있는 것을 보면, 이 용지가 얼마나 질기고 튼튼한지 알 수 있다. 보통 사람의 힘으로 파피루스 용지를 찢기란 쉽지 않다.

그러니 파피루스 용지가 약하다는 근거 없는 믿음이 양피지가 파피루스를 대신하게 된 결정적인 원인은 아니다. 양피지가 글을 쓰는 용지로서는 파피루스보다 품질이 좋기 때문에 결국 파피루스를 누르고 책을 만드는 주요 재료가 된 것이 아닌가 생각된다. 양피지는 파피루스에 비해 한층 더 부드럽고, 재활용에도 유리하다. 양피지로 만든 문서는 이미 기록된 글을 지우고 새로운 글을 쉽게 쓸 수 있는 장점이 있다. 물론 파피루스도 부분적으로 재활용되기는 했으나, 울퉁불퉁한 섬유질 때문에 쉽지는 않았다. 그러나 이 정도의 장점으로는 제작하기도 쉽고 가격도 훨씬 저렴한 파피루스를 완전히 대신할 수는 없었을 것이다. 그렇다. 그래서 기원후 4세기 경 양피지의 사용이 급격하게 늘어났음에도 불구하고, 종이가 발명되기 전까지 파피루스 용지도 지속적으로 사용되었던 것이다. 어쨌든 양피지는 울퉁불퉁한 파피루스 용지보다 한층 글을 기록하기도 쉬웠으며, 또 고급화된 용지로 인식되었기 때문에, 하층민들의 종교에서 로마의 국교가 된 기독교가 자신의 경전을 만드는 데 양피지를 적절한 재료로 채택한 것이 아닌가 추정한다.

대문자 사본은 양피지를 용지로 사용한다는 점에서 이전의 파피루스 사본과 구분이 된다. 물론 양피지라는 용지에 쓰인 사본이라고 해서 다 대문자 사본은 아니다. 다음 장에서 소개되는 소문자 사본들 역시 양피지에 기록되어 있다. 대문자 사본과 소문자 사본을 구분하는 기준은 용지의 종류가 아니라, 바로 글씨체이다. 8-9세기 이후 소문자가 정착되기 시작하면서, 더 이상 대문자는 사용되지 않았다. 따라서 대문자 사본들은 대략 4세기에서 8세기의 사본들이라고 할 수 있다.

대문자 사본은 파피루스 사본에 비해서 크기가 크다. 기독교가 공인됨에 따라, 예전용 또는 장식용 대형 성서가 필요했기 때문에 이런 대형 사본들이 많이 만들어지지 않았는가 추정한다. 오늘날 우리가 가지고 있는 그리스어 신약성서 대문자 사본은 318개이다. 여기에서는 대표적인 사본 몇 개만을 소개하도록 하겠다.

2. 시내 사본Codex Sinaiticus

가장 많이 알려진 대문자 사본은 시내 사본이다. 시내 사본은 4세기의 사본으로 19세기 중엽 독일 라이프치히 대학교의 티센도르프Constantin von Tischendorf, 1815-74가 시내산 중턱에 있는 성 캐서린 수도원의 도서관에서 발견하였다. 이 사본의 발견에 얽힌 재미있는 이야기가 있다. 성서의 원본문을 회복하겠다는 의지와 사본을 발굴하겠다는 신념이 유난히 강했던 티센도르프는 1844년 사본 발굴 여행을 하던 중 시내산에 위치한 성 캐서린 수도원에 도착하였다. 그는 우연히 어떤 바구니에 양피지 사본들이 있는 것을 보았는데, 그것들은 불쏘시개로 쓰려고 모아둔 것이었다. 티센도르프는 그것이 지금껏 보았던 그 어떤 사본보다 더 오래된 것임을 한눈에 알아볼 수 있었다. 그가 발견한 것은 구약성서의 일부분으로 43장의 낱장들이었는데 그것이 바로 시내 사본의 일부였다. 아직 이 사본의 가치에 눈을 뜨지 못한 수도원 측은 이 낱장들을 티센도르프에게 주었다. 그런데 나머지 부분을 찾아낼 수가 없었다. 1853년 티센도르프는 이 사본의 행방을 찾아보려고 두 번째로 수도원을 방문했지만, 아무런 소득도 없이 빈손으로 돌아가야만 했다.

1859년, 한 번 더 이 수도원을 방문한 티센도르프는, 돌아가기 전날까지 이 사본의 행방을 찾지 못하다가 우연히 수도원의 관리인과 대화를 나누던 중에, 칠십인역에 대한 이야기를 하게 되었다. 관리인은 자기도 그런 것을 알고 있다며, 보자기에 싸인 책을 한 권

4세기의 시내 사본

꺼내 보여주었다. 그렇다! 그것은 그가 그토록 찾아 헤매던 시내 사본이었다. 그러나 이 사본이 얼마나 귀한지를 인식하게 된 수도사들은 15년 전의 실수를 반복하지 않았다. 이 사본을 티셴도르프의 손에 넘겨주지 않은 것이다. 그는 카이로에서 우연히 만난 수도원장의 도움으로 그나마 두 달 정도 연구할 기회를 얻었는데 이때 티셴도르프는 두 친구의 도움을 받아 그리스어로 된 이 신구약성서 고대 사본을 베껴서 라이프치히로 돌아갔다. 라이프치히로 돌아온 그는 나중에 수도원장의 자리가 공석이 된 것을 알고, 이를 정치적으로 이용하여 그 사본을 손에 넣게 된다. 러시아 황제와 각별한 사이였던 티센도르프가 수도원 측에 이 사본을 러시아 황제에게 바치도록 요구하였고, 러시아 정교회의 수장인 러시아 황제의 지원을 받고자 한 수도사들은 그 요구를 받아들였다. 이렇게 하여 시내 사본은 이집트에서 러시아로 자리를 옮기게 되었다.

그런데 러시아에서 혁명이 일어난 이후, 이런 성서 사본에 별 관심이 없던 공산당 정부는 1933년, 비교적 저렴한 가격에 이 사본을 영국의 대영박물관에 넘긴다. 가격이 10만 파운드였다고 하는데, 당시 미화로 50만 달러에 이르렀다. 그래서 오늘날에 시내 사본은 영국의 대영박물관에 소장되어 있다. 그러던 중, 1975년 성 캐서린 수도원에서 이 시내 사본에 속하는 것으로 추정되는 낱장 15개가 추가로 발견되었다.

시내 사본에는 신약과 구약이 모두 들어 있으며, 신약성서에는 오늘날 정경에 포함되는 27권이 모두 들어 있다. 그런데 주목할 만한 것은 27권의 신약 정경 외에도 바나바 서신과 헤르마스의 목자가 더 들어 있다는 사실이다. 이 두 권의 책은 이미 2세기 초부터 기독교 세계에서 매우 권위 있는 책으로 인정되었다. 그래서 일부 기독교 공동체에서는 다른 신약 문서들, 예를 들면, 네 복음서라든지 바울서신과 견줄 만큼 '영감 받은' 문서로 이것을 받아들였다. 예를 들면, 기원후 180년경 리옹의 이레니우스 Irenaeus 는 헤르마스의 목자를 '영감 받은' 문서로 간주하였다. 물론 이 두 권만이 그러한 위치를 차지한 것은 아니다. 클레멘스 서신이라든지 열두 사도의 가르침이라고도 불리는 디다케, 또 베드로계시록 등이 거의 정경의 위치를 차지하고 있었다.

또 반대의 상황도 있었다. 오늘날 정경으로 인정되는 책 가운데 당시에 그 위치를 확고히 하지 못한 책들이 있었다. 동방에서는 요한계시록이, 서방에서는 히브리서가 '영감 받은 거룩한' 문서로 인정받지 못하였다. 베드로후서라든지, 요한2서, 요한3서 등은 3세기까지도 정경으로서의 자리를 확고하게 잡지 못했다. 이것들은 어떤 지역에서는 '거룩한' 문서로 받아들여졌지만 또 다른 지역에서는 배격되었다. 즉, 신약성서의 정경화 작업이 마무리되기 전에 수많은 기독교 문서들이 서로 경쟁을 했다고 말할 수 있다.

유세비우스Eusebius의 『교회사』[6]에 보면, 재미있는 이야기가 나온다. 200년경 안디옥의 주교였던 세라피온Serapion은 로소스Rhossos라는 마을을 방문했다가, 그 지역의 기독교 공동체가 예배 시간에 베드로복음서를 봉독한다는 사실을 알게 되었다. 물론 그곳 공동체에서도 이 복음서를 읽어도 되는지에 대한 논쟁이 있었는데, 세라피온은 그 책이 베드로의 이름으로 되어 있다는 사실을 듣고 그 책을 봉독하도록 허락하였다. 그런데 안디옥으로 돌아온 후 그 책을 면밀히 검토해 보니, '이단' 기독론(가현설)[7]적인 요소가 있는 것이 아닌가! 이에 세라피온은 그 책의 사용을 금지한다는 내용의 편지를 서둘러 보냈다. 이 이야기에서 우리는 당시에 아직 신약 정경이 정착되지 않았음을 알 수 있다. 다시 말하자면, 수백 년에 걸쳐 기독교 문서들이 서로 경쟁하다가 현재의 27권의 신약 문서들이 궁극적으로 승리를 거두게 된 것이다.

베드로복음서의 사본으로 밝혀진 P. Oxy. 4009.

최근에 발표된 유다복음서와 관련하여 한 가지 재미있는 사실은, 베드로복음서는 교부들의 글과 간헐적인 단편들을 통해서 전해지고 있을 뿐, 대부분의 내용은 전해지지 않는다는 것이다.[8] 유다복음서도 최근까지만 해도 본문 내용이 세상에 공개되지 않았다. 물론 리옹의 주교 이레니우스라든지 살라미스의 에피파니우스 Epiphanius 등 초대 교부들의 글을 통해서 간접적으로, 또 부분적으로나마 그 내용을 짐작할 수는 있었지만 말이다. 그런데 2006년 4월 6일에 그 본문이 전격적으로 세상에 공개되었다.[9] 언젠가는 베드로복음서도 이와 같은 과정을 거쳐 온전한 본문이 세상에 나타나게 될지도 모를 일이다.[10]

1945년, 이집트 나일 강 상류지역의 낙함마디Nag Hammadi라는 곳에서 많은 콥트어 고대 사본들이 발견되었다. 여기에서 발견된 13권의 코덱스 사본에는 52편의 문서가 포함되어 있는데, 이로써 당시까지 제목만 알려져 있을 뿐 그 전체 내용은 전해지지 않았던 문서들이 베일을 벗게 되었다. 낙함마디에서 발견된 문서들은 영지주의적 색채를 띠고 있는데, 유다복음서도 이와 마찬가지로 영지주의적 성향을 강하게 드러낸다. 이 문서들은 결국 경전에서 제외된 문서들이다. 그렇다고 해서 이 문서들이 가치가 없는 것은 아니다. 이 문서들을 통해서 2세기나 3세기의 초기 기독교의 다양성과 역동성을 들여다볼 수 있기 때문이다. 반면에, 이러한 문서들에 너무 무게를 두어서도 안 될 것이다. 성서의 모든 보도는 역사적 사실이 아니며, 오로지 이 외경들만이 역사적 사실을 드러낸다고 이해

낙함마디 문서

콥트어로 번역된 유다복음서가 들어 있는 차코스 사본.
원래 그리스어로 기록된 것이 콥트어로 번역된 것으로 추정된다. 1970년대에 그 존재가 세상에 알려졌으나, 공식적으로 발표된 것은 2006년이다.

할 필요도 없고, 또 그렇게 해서도 안 된다. 왜냐하면 외경은 사본이 몇 개 있지도 않을 뿐만 아니라, 성서에 비해 거의 검증되지도 않은 자료이기 때문이다. 그렇다면 신약성서의 정경화 작업은 언제 마무리되었을까?

일반적으로 신약성서는 4세기경에 정경화 작업이 끝난 것으로 알려져 있다.[11] 그런데 위에서 말한 바와 같이, 4세기 사본인 시내 사본에 외경이 두 개 포함되어 있는 것은 특기할 만한 사실이다. 시내 사본을 생산하거나 사용한 공동체에서는 바나바 서신과 헤르마스의 목자까지도 정경의 범위에 포함시켰음을 드러낸다. 즉, 4세기에도 신약성서 정경화 작업이 완전히 이뤄지지 않았다는 것이다. 서방에서 유래하는 것으로 보이는 6세기의 클라로몬트 사본Codex Claromontanus에 정경 목록이 남아 있는데, 여기에는 히브리서가 포함되어 있지 않으며, 오히려 헤르마스의 목자와 바울행전과 베드로 계시록이 언급되고 있다. 서방에서는 5-6세기가 넘어가면서 어느 정도 신약성서 정경이 정착되어 가지만, 동방의 상황은 여전히 오리무중이었다. 동방에서 유래하는 7세기의 정경 목록에 보면, 60권만이 성서로 인정된다. 신약에서는 요한계시록이 제외되어 있다. 또 850년경 각 낱권 성서의 분량이 얼마나 되는지를 당시의 단위로 환산하여 정리해 놓은 자료[12]를 보면, 여전히 요한계시록이 없는 26권의 신약 문서들만 있다. 요한계시록이 동방에서 완전히 받아들여져서 정경으로 정착된 것은 10세기경이다.[13]

3. 바티칸 사본 Codex Vaticanus

시내 사본만큼이나 중요한 대문자 사본은 1475년 바티칸 도서관에서 우연히 발견된 바티칸 사본이다. 각 글자의 가로와 세로의 길이가 비슷한 둥근 글씨체로 보아 바티칸 사본도 시내 사본과 마찬가지로 4세기의 것으로 판단되는데, 사본에 장식이 전혀 없는 것을 보면, 시내 사본보다는 조금 더 이른 시기의 것으로 추정된다. 물론 바티칸 사본에도 부분적으로 장식이 있기는 하지만 이 장식들은 모두 후대의 것이다. 바티칸 사본을 보면 각 복음서나 각 서신이 시작될 때 첫 글자가 장식체로 되어 있는데, 처음부터 그런 것은 아니었다. 장식이 된 부분을 자세히 살펴보면, 장식체가 아닌 첫 번째 문자가 지워지고 그 앞에 큰 장식체 문자가 첨부되어 있는 것을 알 수 있다.

이 사본은 앞부분과 뒷부분이 많이 훼손되어 떨어져나갔다. 구약에서는 창세기의 거의 전체가 소실되었으며, 신약에서는 히브리서 9장 14절 이후가 소실되었다. 그래서 안타깝게도 초기 기독교에서 정경으로서 문제시되었던 베드로후서라든지 요한 2서, 3서가 포함되어 있었는지 아닌지는 알 길이 없다. 기독교를 공인한 콘스탄티누스 황제가 자기가 세운 교회에서 사용하려고 유세비우스에게 50권의 성서를 만들도록 주문하였는데, 이 사본과 시내 사본이 여기에 포함되었던 것이 아닌가 추정되기도 한다.[14)]

바티칸 사본과 시내 사본을 소위 '알렉산드리아 본문'에 대한 중

바티칸 사본의 마태복음, 마가복음, 누가복음, 요한복음 시작 부분이다. 각 복음서가 시작되는 곳마다 첫 글자를 지우고 장식체 첫 글자를 쓴 것을 관찰할 수 있다. 마가복음과 누가복음의 경우, 첫 글자가 쓰였던 곳에 빈 공간이 남아 있으며, 마태복음과 요한복음의 경우는 처음 쓰인 첫 글자가 제대로 지워지지 않고 남아 있다. 바로 위의 장식 역시 후대에 덧붙은 것이다. 네 복음서뿐만 아니라 나머지 문서들이 시작되는 곳도 마찬가지다.

거로 보려는 경향은 20세기 초반 이후로부터 오늘날까지 이어지고 있다.[15] 그러나 이 두 대문자 사본은 우선 이집트의 알렉산드리아가 아니라 가이사랴 지방에서 생산되었을 가능성이 크다.[16] 또한 '알렉산드리아 본문'이 어느 한 시점에 체계적으로 편집된 흔적을 역사에서 찾아볼 수 없다. 따라서 우리는 바티칸 사본과 시내 사본이 역사적으로 어느 한 시점(4세기 또는 2세기)에 어느 한 지역(알렉산드리아 또는 시리아)에서 '개정된' 본문이라는 결론을 내릴 수 없다. 오히려 이 두 사본은 많은 파피루스 사본들과 더불어 원본문을 잘 전승하는 사본으로 이해해야 할 것이다.[17]

4. 에브라임 재생 사본 Codex Ephraemi Rescriptus

에브라임 재생 사본도 재미있는 사본이다. 이 사본은 원래 5세기의 것이었는데 12세기에 이르러 이전에 적었던 내용을 지우고는, 그 위에 시리아의 교부인 성 에브라임의 설교와 논문 38편을 기록했다. 양피지를 재활용한 사본인 셈이다. 이런 종류의 재생 사본들이 많이 있는데, 해독하기가 여간 어렵지 않다. 그나마 요즘에는 자외선 카메라의 도움으로 안에 숨어 있는 글씨를 읽어내기가 쉬워졌다. 양피지 용지에 자외선을 비추면, 미처 다 지워지지 않고 양피지 깊숙이 스며들어 있는 잉크의 자국이 진하게 보인다. 19세기에 이 사본을 육안으로 해독한 티셴도르프는 자외선의 도움을 받지

자외선 특수 카메라로 찍은 에브라임 재생 사본.
한 단으로 흐릿하게 보이는 것은 5세기의 대문자이고, 두 단으로 진하게 보이는 것은 12세기의 소문자이다. 육안으로 볼 때는 5세기의 대문자가 잘 보이지 않는다.

못하였고, 사본에 약품을 처리함으로써 안에 숨어 있는 글자들을 해독하였다. 물론 이러한 방법은 오늘날 더 이상 불가능하다. 약품으로 인해 사본이 훼손되기 때문이다.

이런 재생 사본이 생기게 된 이유는 9세기 이후 대문자 사본이 더 이상 '사용'되지 않았기 때문이다. 소문자 사본이 어느 정도 자리를 잡게 된 이후에는 대문자 사본이 더 이상 만들어지지 않았을 뿐만 아니라, 기존의 대문자 사본도 거의 사용되지 않았다. 대문자 사본이 10세기 이후에도 지속적으로 애용되었다면, 대문자 사본에 소문자로 된 후대 교정자들의 작업을 확인할 수 있을 텐데, 이런 것은 제한된 경우에만 나타난다. 즉, 대문자 사본의 교정은 주로 대문자로만 나타나며, 소문자 교정을 발견하기가 쉽지 않다는 것을 근거로, 소문자 시대에 이르러서는 대다수의 대문자 사본의 사용이 중단되었다고 판단할 수 있다. 그래서 10세기 이후 필요없게 된 사본을 지우고는 '비싼' 양피지를 재활용한 것이다.

5. 베자 사본 Codex Bezae Cantabrigiensis

베자 사본은 대문자 사본들 가운데서 가장 연구가 많이 된 사본으로 종교개혁자 칼빈의 제자가 1581년에 이 사본을 캠브리지 대학교에 기증하여 이런 이름이 붙었다. 베자 사본은 라틴어와 그리스어 두 언어가 양쪽으로 쓰인 사본이다. 일반 사본은 단의 시작선과 끝선이 일정한 데 반해, 베자 사본의 끝선은 일정하지 않다. 의미가 끝나는 곳에서 행이 바뀌기 때문인데, 라틴어와 그리스어의 대응 단위들을 같은 행에 기록하려고 한 의도에서 기인한다. 이 사본에는 네 복음서와 사도행전이 기록되어 있으며, 네 복음서의 순서가 마태, 요한, 누가, 마가로 되어 있는 것이 특징이다. 이 사본의 사도행전 부분은 우리가 보는 정경 사도행전보다 8–9% 정도 더 긴데, 그 이유에 대해서 많은 학자들이 다양한 가설을 내놓았다.[18] 이 가운데 가장 설득력 있는 가설은 후대 필사자들이 본문을 확장시켰다는 것이다. 연결이 매끄럽지 못하거나 앞뒤 문맥이 맞지 않을 때, 베자 사본은 본문을 자유롭게 고친 특징을 드러내고 있다. 한 가지 예를 들어보겠다. 사도행전 11장 2절이다.

> 그리고 베드로가 예루살렘에 올라왔을 때, 할례를 주장하는 쪽의 사람들이 그를 비난했다. –사역

그런데 베자 사본에는 이 본문 대신 다음과 같은 기다란 보도가 나온다.

> "그러므로 베드로는 예루살렘으로 가기를 오랫동안 바랐다. 그래서 형제들을 불러모으고, 그들을 굳건하게 한 후에, 여러 지역을 두루 다니면서 많은 말씀을 전하며 그들을 가르쳤다. 그는 또한 그들에게 이르렀고, 그들에게 하나님의 은혜를 전하였다. 그러나 할례를 주

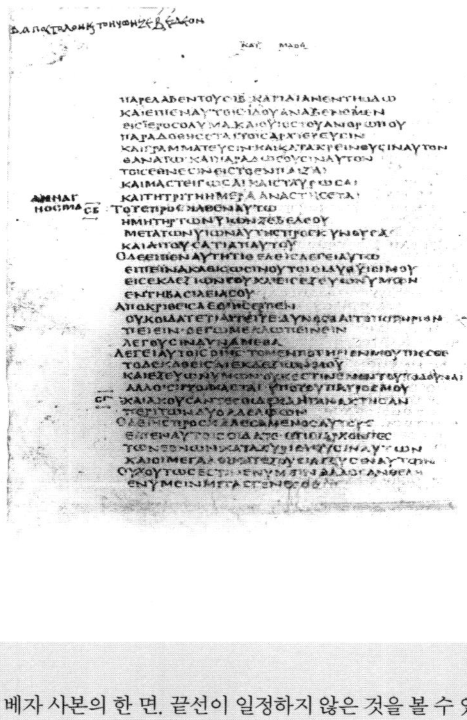

베자 사본의 한 면. 끝선이 일정하지 않은 것을 볼 수 있다.

장하는 쪽의 형제들이 그를 비난했다."—사역

베자 사본이 증거하는 본문은 확대된 것이다. 메츠거가 적절하게 지적했듯이, 바로 이전의 10장에 보도되는 "고넬료의 개종으로 인해 베드로가 자신을 변호하기 위하여 자신의 선교 사역을 중단하고 예루살렘에 가야만 했다는 인상을… 받지 않도록"[19] 하기 위해 이 본문이 삽입된 것으로 보인다. 즉 베드로의 예루살렘 방문은 베드로가 오래전부터 계획하고 있던 것이지, 스스로를 변명하거나 변호하기 위해 억지로 올라간 것은 아니라는 인상을 주기 위한 것이다. 그런데 베자 사본에 이러한 긴 삽입이 있는 경우, 대개 필사자의 독창적인 창작이라기보다는 근처의 다른 본문에 근거한 착상인 경우가 많다. 이러한 확장이 베자 사본의 전형적인 특징이다.

또한 이 사본은 소위 '서방 본문'[20] 논쟁의 핵심에 놓여 있는 사본이기도 하다. 그러나 '서방 본문'이라는 것이 하나의 '본문 유형'이 될 수 있는지에 대해 필자는 회의적이다. 하나의 본문 유형을 이룰 만큼 많은 사본들이 베자 사본의 본문을 증거하지 못하며, 비슷한 성향을 드러내는 사본들이 결코 '같은' 본문을 증거하지 않기 때문이다. 다시 말하자면, '서방 본문'이라는 것은 하나의 본문 형태라기보다는 하나의 '경향'으로 이해해야 한다. 베자 사본과 비슷한 사본들은 본문을 풀어쓰는 경향에서 서로 공통점을 보이는 것이지, 결코 하나의 공통된 조상으로서의 사본에 기인하는 것이 아니다. 이러한 성향을 보이는 사본들을 통해서 우리는 2세기나 3세기에 본문을 풀어쓰는 경향이 존재했음을 알 수 있을 뿐이다.[21)]

6. 프리어 사본 Codex Freerianus

5세기의 사본으로 마가복음의 긴 끝(막 16:9-20)보다 더 긴 끝이 있는 사본이다. 가장 우수한 대문자 사본으로 알려진 시내 사본과 바티칸 사본 등에서 마가복음은 16장 8절로 끝난다. 반면, 7세기 이후의 몇몇 대문자 사본들(L, Ψ 등)에는 짧은 끝이 덧붙어 있으며, 그 이외의 대다수 사본들에는 전통적으로 잘 알려진 긴 끝(막 16:9-20)이 덧붙어 있다. 그런데 프리어 사본에는 이 긴 끝이 더 확장된 형태로 소개되어 있다. 긴 끝의 14절과 15절 사이에 긴 삽입이 추가되어 있는 형태이다. 우선 마가복음 16장 14-15절을 보자.

> 14 그 뒤에 열한 제자가 음식을 먹을 때에, 예수께서는 그들에게
> 나타나셔서, 그들이 믿음이 없고 마음이 무딘 것을 꾸짖으셨다. 그
> 들이, 자기가 살아난 것을 본 사람들의 말을 믿지 않았기 때문이다.
> 15 또 예수께서 그들에게 말씀하셨다. "너희는 온 세상에 나가서, 만
> 민에게 복음을 전파하여라." – 『새번역』

위의 본문에서는 14절에서 15절로 이어지는 것이 비약처럼 보

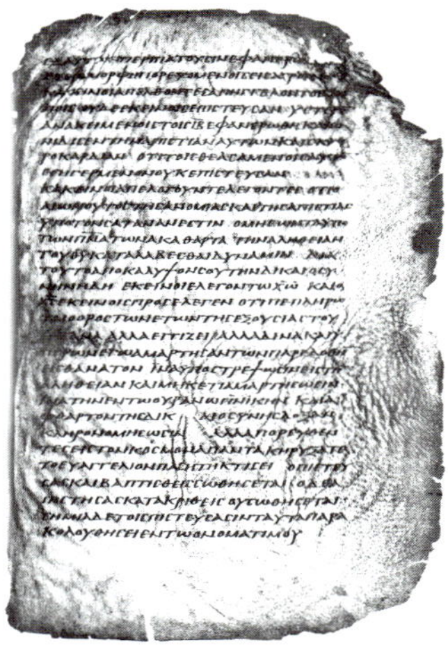

프리어 사본의 한 면.

마가복음의 긴 끝(막 16:9-20)보다 더 긴 끝이 들어 있는 부분이다.

인다. 제자들이 믿지 못하는 것을 예수가 꾸짖자마자(14절), 복음 선포의 임무를 맡겨주기(15절) 때문이다. 제자들에 대한 부정적인 평가가 해소되지 않은 채 제자들이 선교의 사명을 받은 것이다. 아마도 이러한 문제를 해결하기 위해 14절과 15절 사이에 기다란 삽입이 첨가된 것으로 보인다. 긴 구절의 삽입과 함께 필요없게 된 15절 앞부분이 탈락하였다. 추가된 부분을 포함하여 읽으면 다음과 같다.

> 14 그 뒤에 열한 제자가 음식을 먹을 때에, 예수께서는 그들에게 나타나셔서, 그들이 믿음이 없고 마음이 무딘 것을 꾸짖으셨다. 그들이, 자기가 살아난 것을 본 사람들의 말을 믿지 않았기 때문이다. **그러자 그들은 스스로를 변호하여 말하였다. "이 불법과 불신의 시대는 사탄 아래 있습니다. 그는 악한 영을 통해서 하나님의 진리와 권능을 받아들이지 못하도록 합니다. 그러니 지금 주님의 의를 계시하여 주십시오." 그들이 그리스도에게 말하였고, 그리스도께서 그들에게 대답하셨다. "사탄의 권세 시대가 끝났다. 그러나 다른 끔찍한 일들이 다가오고 있다. 그리고 그들이 죄를 지었기 때문에 그것을 위해 내가 죽음으로 넘겨졌다. 그들이 진리로 돌이키고 다시는 죄를 짓지 않도록, 그들이 하늘에 있는 영적이고 영원한 의의 영광을 상속받도록 하기 위함이다.** 15 너희는 온 세상에 나가서, 만민에게 복음을 전파하여라."—사역

프리어 사본에 나타나는 이러한 삽입으로 인해 제자들의 잘못이 경감되었고, 제자들에게 복음 선포의 사명이 맡겨진 것이 정당화되었다. 물론 진한 글씨의 이 본문은 의심할 여지 없이 후대의 삽입이다.

신약성서, 우리에게 오기까지

제5장 소문자 사본

기원후 7세기 또는 8세기가 되기까지는 소문자라는 것이 없었으니, 그리스어로 기록된 초기 기독교의 모든 문서-성서와 일반 문서들도 포함하여-는 당연히 대문자로만 기록되었다. 그러다 기원후 8세기에 그리스어 소문자가 서서히 나타나기 시작한다. 신약성서 그리스어 사본 전통에서는 우스펜스키Uspenski 복음서 사본(MS 461)이 기록 시기를 알 수 있는 최초의 소문자 사본으로 알려져 있다. 이 사본은 완전한 소문자 사본이며, 기원후 835년에 만들어졌다.

○ 제5장 소문자 사본

1. 소문자의 발생과 사본의 연대

사본에 대하여 관심을 갖고 보면, 또 이와 관련된 지식을 점점 넓혀가다 보면, 도대체 무엇을 근거로 사본의 연대를 측정하는지 궁금해지게 마련이다. 오늘날에는 방사성탄소 연대측정법 등이 학계에서 주목을 받고 있지만, 사본을 측정하는 데 가장 기본이 되는 기준은 필체이다. 그 시대마다 독특한 필체가 있기 때문이다.

기원후 7세기 또는 8세기가 되기까지는 소문자라는 것이 없었으니, 그리스어로 기록된 초기 기독교의 모든 문서－성서와 일반 문서들도 포함하여－는 당연히 대문자로만 기록되었다. 그러다 기원후 8세기에 그리스어 소문자가 서서히 나타나기 시작한다. 물론 소문자라는 것이 어느 누군가가 인위적으로 만든 것이 아니라 대문자의 흘림체에서 자연발생적으로 발전한 것이기 때문에, 언제부터 소문자가 시작되었는지를 '정확히' 말할 수는 없다. 가장 오래된 신약성서 사본으로 알려진 파피루스 사본 52번(𝔓52)을 보면, 이미 그리스어 문자 알파가 소문자 형태(α)로 표기되어 있음을 볼 수 있다. 즉, 다른 문자들은 아직 소문자로 발전하지 못했지만, 알파는 매우 초기부터 소문자 형태로 사용된 것이다.

하지만 문자의 형태가 소문자 형태에 가깝다고 해서 이것을 소문자라고 하지는 않는다. 영어의 대문자나 소문자와 마찬가지로 그리스어도 대문자는 모든 문자의 높이가 같지만, 소문자의 경우는 각 문자에 머리가 있는 것(δ, λ 등)이 있고, 꼬리가 있는 것(ρ, η 등)이 있으며, 또 머리와 꼬리를 다 가지고 있는 것(β, ζ 등)이 있는 반면에, 머리와 꼬리 없이 몸통만으로 된 문자들(α, ϵ 등)도 있다. 다시 말해, 소문자 필체와 대문자 필체의 결정적인 구분은 각 문자의 형태가 아니라 문자들을 가상적인 두 줄 사이에 맞춰 쓰느냐, 아니면 네 줄 사이에 맞춰 쓰느냐에 따르는 것이다. 대문자 사본은 옆으로 길게 그은 가상의 두 줄 사이에 문자를 쓸 때 윗부분과 아랫부분이 그 두 줄에 닿게 되는 반면, 소문자 사본은 가상으로 그은 네 줄 사이에 들어가게 되는 것이다. 이런 식으로 쓰인 사본을 우리는 소문자 사본으로 분류하는데, 이것은 어느 한 순간에 인위적으로 만들어진 것이 아니라 수세기에 걸쳐 천천히 점진적으로 생겨나서 결국 9세기 이후에 정착되었다.

신약성서 그리스어 사본 전통에서는 우스펜스키Uspenski 복음서 사본(MS 461)이 기록 시기를 알 수 있는 최초의 소문자 사본으로 알려져 있다. 이 사본은 완전한 소문자 사본이며, 기원후 835년에 만

소문자 사본들. 왼쪽 아래는 13세기의 사본이며, 오른쪽 아래는 11세기의 것이다.
소문자 사본은 대문자 사본보다 화려한 특징이 있다.

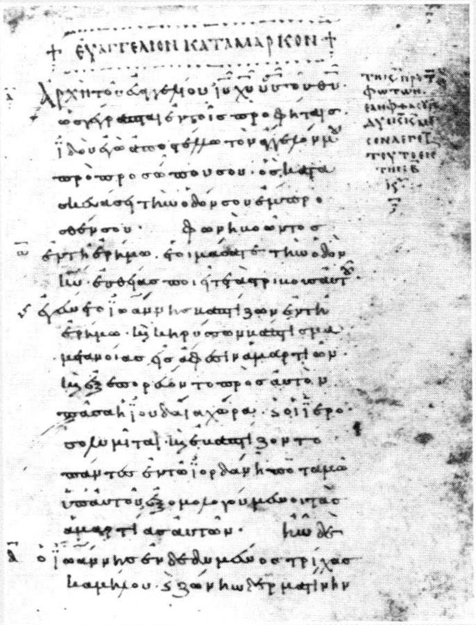

현존하는 가장 오래된 소문자 사본인 우스펜스키 사본(MS 461)

들어졌다. 물론 최초의 소문자 사본은 아닐 것이다. 오늘날 남아 있지는 않지만, 그 이전에 만들어진 소문자 사본들이 있었을 테니 말이다. 이 사본과 비슷한 9세기의 소문자 사본에는 소문자 사본 33번, 565번, 2464번 등이 있다. 또 우스펜스키 복음서 사본과 같이 정확한 연대를 알 수 있는 소문자 사본들로는 소문자 사본 71번(1160년), 104번(1087년), 162번(1153년), 174번(1052년) 등이 있다.

우리는 우스펜스키 복음서 사본을 근거로 늦어도 9세기경부터는 신약성서 사본 전통에서 소문자 사본들이 정착되었다고 판단할 수 있다. 당시에는 필사자들이 간기刊記에 사본의 생산 연도를 기록해 놓기도 했기 때문에 이런 추정을 하는 것이 가능하다. 그런데 그 이전의 사본들에는 사본의 연대에 대한 기록이 전혀 나타나지 않는다. 그렇다면 기록 연대가 남아 있지 않은 사본들의 연대 측정은 어떻게 할 수 있을까?

2. 사본의 연대 측정

기록 연대가 남아 있지 않은 사본들의 연대 측정은 연대가 기록된 다른 문서들과 필체를 비교해 봄으로써 추정할 수 있다. 일반적인 문학작품에 기록 연대를 쓰기 시작한 것은 대략 기원후 6세기부터다. 그렇지만 그 이전의 문서들에도 정확한 기록 연대가 남아 있는 것들이 있다. 바로 계약서나 편지 같은 문서들이다. 기록 연대가 적혀 있는 이런 문서들을 연구하는 과정에서 사본학자들은 특정한 시대의 '전형적인' 필체를 발견하게 되었다. 마치 1950년대 우리나라 반공 포스터에 쓰인 전형적인 글씨체와 오늘날의 글씨체가 다른 것처럼. 또한 1980년대 군사정권을 타도하는 대학가의 현수막에 쓰인 독특한 글씨체처럼. 물론 현대의 글씨체는 19세기 구한말의 글씨체와도 다르며, 17세기의 것과도 다르다. 그러니 글씨체만 보아도 이것이 언제쯤의 것인지를 대략 추정할 수 있는 것이다.

그리스어의 경우, 크게는 대문자와 소문자로 구분되지만 대문자마다 시대에 따른 특징이 있고, 소문자 역시 마찬가지다. 예를 들면, 2세기 초반의 대문자는 명조체와 비슷한 장식으로 꾸며져 있는 반면, 4세기의 대문자는 둥근 굴림체와 비슷하다. 또 대문자가 좌우보다는 위아래로 길고 그것이 옆으로 기울어져 있다면 3세기의 사본으로 판단하게 된다. 3세기의 필체와 비슷하나 세로로 그은 선이 두껍다면 일반적으로 5/6세기의 것으로 판단한다.

물론 고의적이고 악의적인 속임수가 있을 수도 있다. 가령 소문자 사본 2427번은 오랫동안 14세기의 소문자 사본으로 알려져 있었다.[1)] 이 소문자 사본은 후대의 소문자 사본이면서도 고대의 본문, 즉 본문비평적인 견지에서 평가할 때 매우 훌륭한 본문이라고 판단되었기 때문에, 꽤나 많은 관심을 받아온 사본이다. 달리 말하자면, 이 사본은 매우 후대의 사본들도 부분적으로는 고대의 본문을 잘 전승하고 있다는 사실을 증명하는 데 증거가 된 대표적인 사본이었다. 그런데 약 20년 전에 과학자들이 이 사본의 안료顔料를 화학적으로 분석한 결과, 이 사본은 14세기의 것이 아니라 훨씬 후대의 것이라는 사실이 밝혀졌다. 어쩌면 이 사본은 20세기에 쓰인 것일 수 있다고까지 한다.[2] 어떤 사람이 경제적인 이득을 노리고 14세기의 사본 필체와 책 형태에 따라서 인위적으로 양피지로 책을 만든 후에, 이것을 땅속 깊이 묻어둔 것이다. 그래서 20세기에 만들어진 사본이 마치 14세기의 것으로 잘못 평가되었던 것이다.

필체뿐만 아니라 용지의 재질이나 사본에 나타나는 장식이나 책의 형태 등도 사본의 연대를 측정하는 기준이 된다. 똑같은 4세기의 사본으로 알려져 있는 시내 사본과 바티칸 사본의 경우, 바티칸 사본이 조금 더 이른 것으로 판단되는데, 그 이유는 바티칸 사본에 장식이 적다는 데 있다. 앞으로는 과학의 발전과 더불어 방사성탄소 연대측정법도 점차적으로 중요하게 받아들여질 것이다. 간기에 사본의 연대가 나타나지 않는 경우에는 이러한 방법들을 종합적으로 고려하여 사본의 연대를 규정한다.

한편, 사람의 필체는 젊었을 때의 필체가 평생 지속되기 때문에, 작성연대를 50년 이상으로 세분하는 것은 바람직하지 않다. 그래서 사본의 연대는 일반적으로 50년을 포괄할 수 있는 범위로 정하게 된다. 예를 들면, 4세기, 4세기 초, 4세기 말, 3/4세기, 또는 300년경 등으로 구분하게 되는 것이다. 300년경이라고 할 때에는 대략 3세기 말에서 4세기 초를 가리키는 것으로 3/4세기와 크게 다르지 않다. 가장 오래된 그리스어 신약성서 사본인 파피루스 사본 52번

(𝔓52)의 연대를 일반적으로 125년경이라고 하지만, 엄밀히 갈하자면 2세기 초반에서 중반 사이로 여기면 될 것이다.

3. 소문자 사본의 가치

오늘날 우리에게 알려진 소문자 사본은 2,882개에 이른다. 그 수효가 많을 뿐만 아니라 대개 10세기 이후의 후대 사본들이며, 또한 거의 비잔틴 본문을 증거하고 있기 때문에 소문자 사본들에 대한 연구는 다른 사본들에 비해 상대적으로 저조하였다. 학자들이 소문자 사본보다는 파피루스 사본이나 대문자 사본에 더 많은 관심을 보이는 것은 두 가지 점에서 충분히 이해할 수 있다. 먼저, 소문자 사본은 파피루스 사본이나 대문자 사본보다 훨씬 후대의 사본이기 때문이다. 둘째로 소문자 사본은 그 숫자가 너무나도 많아서 개인적인 차원으로는 체계적으로 연구하기가 거의 불가능하기 때문이다. 하지만 우리는 소문자 사본들을 통해서도 많은 것을 배울 수 있기 때문에 이것들을 결코 무시해서는 안 된다. 다행히 독일 뮌스터에 있는 신약성서본문연구소(INTF)에서 이 소문자 사본을 체계적으로 연구하고 있는데, 이 연구 결과 중요한 사실이 밝혀졌다. 우리가 알지 못하던 매우 우수한 소문자 사본들이 밝혀지게 된 것이다.[3] 그렇지만 이 연구소에서도 아직까지 공동서신 사본 같은 극히 일부의 소문자 사본만이 '제대로' 연구되었다. 지금은 사도행전 사본들을 연구하고 있으며, 앞으로 복음서 사본들까지 연구할 것이라고 한다. 이 연구가 끝나기까지는 수십 년, 어쩌면 백 년 이상의 시간이 걸릴 수도 있겠지만, 이 방대한 연구의 결과를 통해서 우리는 이전에는 전혀 알지 못하던 우수한 사본들을 상당히 많이 발견하게 되리라 기대한다.

소문자 사본이 후대에 기록된 사본임에도 불구하고 간혹 우수한 본문을 가진 소문자 사본들이 나타나는 이유는 두 가지이다. 먼저, 부분적이긴 하지만 여전히 매우 엄격한 필사 전통이 유지되던 라인이 있었다는 것이다. 여러 단계에 걸쳐 필사되었으나, 그럼에도 불구하고 정확하게 대본을 필사하였기 때문에 초기의 본문이 잘 전승된 것이다. 그러나 이보다 더 중요한 이유는, 후대에 기록된 소문자 사본이라고 해서 그 대본이 반드시 후대의 것이지는 않다는 것이다. 초기의 본문을 반영하는 어떤 소문자 사본들은 수세기 이전의 대문자 사본을 그 대본으로 삼은 것으로 추정된다. 이럴 경우, 필사 전승은 여러 단계를 거치지 않는다. 가령, 4/5세기의 본문이 바로 12세기로 넘어올 수 있는 것이다. 그러나 대다수의 소문자 사본은 초기의 본문을 반영하지 않는다. 그렇다고 해서 이것들의 가치가 평가절하되어서는 안 된다. 후대의 변개된 본문을 반영하는 소문자 사본들은 나름으로의 가치를 지니고 있기 때문이다.

실제로 소문자 사본은 원본문에 대한 증거로서의 가치보다 더 중요한 의미를 지니고 있다. 대문자 사본이나 파피루스 사본은 소실된 것들이 너무나도 많기 때문에, 이들 사본들 사이의 직접적인 관계를 규명하는 것이 거의 불가능하다. 반면 소문자 사본들은 서로 직접적인 관계가 있는 사본들이 많이 남아 있다. 어떤 사본의 대본이 된 사본을 발견할 수 있으며, 이 두 사본을 비교해 봄으로써 필사자가 어떤 실수를 저질렀는지를 확인할 수 있는 것이다. 이를 토대로 본문비평의 방법론적인 진보를 꾀할 수 있다. 베껴진 사본과 베낀 사본을 비교함으로써 필사자들이 주로 어떤 실수를 저질렀는지, 또한 필사자들은 어떠한 필사 경향을 드러내는지를 규명할 수 있고, 이렇게 규명된 필사 경향을 역으로 적용하여 원본문 회복에 도움을 줄 수 있다.

17세기 이후 확립된 본문비평의 기본 원칙 가운데 어려운 독법이 쉬운 독법에 우선한다든지, 짧은 독법이 긴 독법에 우선한다는 등의 원칙이 바로 이러한 사본들 사이의 비교를 통해 증명되었다. 필사자들이 이해하기 어려운 본문을 쉬운 말로 고치고, 또 거친 문장을 매끄러운 문장으로 다듬는 경향을 보였기 때문이다. 이러한 연구를 통해서 우리는 고대의 본문을 보다 더 정확하게 재구성할 수 있는 기반을 마련할 수 있다.

이제 몇 개의 소문자 사본을 살펴보기에 앞서 왜 소문자 사본이 이전 시대의 대문자 사본을 대신하게 되었는지를 살펴보도록 하자. 코덱스 형태의 책이 두루마리 형태의 책을 대신하게 되기까지는 꽤나 오랜 시간이 걸렸다.[4] 말하자면, 코덱스 형태의 책이 사용되기 시작한 뒤에도 두루마리가 한참이나 계속 사용된 것이다. 마찬가지로 양피지가 파피루스를 대신하게 되기까지도 꽤나 긴 세월

3세기의 대문자 사본 0220.

가운데 부분이 훼손된 것은 사본이 낡아서 자연스럽게 그렇게 된 것이 아니다. 무엇인가를 만들기 위해 양피지의 가운데 부분을 날카로운 도구로 자른 흔적이 보인다. 무엇을 만들었는지는 알 수 없다.

이 필요하였다.[5] 한 시대에서 다른 시대로 넘어가더라도, 그 이전 시대의 유물이 여전히 사용되게 마련인 것이다. 그런데 대문자에서 소문자로 넘어가는 변화는 의외로 빨리 이루어졌으며, 소문자가 정착되자 대문자 사본은 거의 만들어지지 않았다. 아니, 대문자를 이용한 사본의 생산이 중단되었을 뿐만 아니라, 기존의 대문자 사본들의 활용도 거의 중단되었다. 대문자 사본들을 살펴보면, 수 세기에 걸쳐 많은 교정자들이 있었는데 10세기가 넘어가면서 교정자들이 더는 대문자 사본을 수정하지 않았다. 아마도 더 이상 사용하지 않았으니 수정할 필요가 없었을 것이다. 우리가 잘 아는 4세기의 바티칸 사본(Codex B)의 경우, 수백 년 동안 사라졌다가 15세기 중엽에 바티칸 도서관에서 우연히 발견되어 이러한 이름이 붙은 것이다.

한편, 더 이상 필요가 없어진 대문자 사본의 본문을 지우고 양피지를 재활용하여 소문자 사본을 만드는 경우도 많았다.[6] 이것을 재생 사본이라고 하는데, 이것 역시 대문자 사본이 더 이상 사용되지 않았음을 알려준다. 어떤 대문자 사본은 소문자 사본의 겉표지 포장지로 사용되기도 하였으며, 어떤 것은 너덜너덜하게 해진 소문자 사본을 기우는 감으로 사용되기도 하였다. 그렇다면 왜 소문자가 대문자를 대신하게 되었을까?

첫째, 소문자는 물질적으로 경제적이었다. 한 면에 더 많은 양을 기록할 수 있었던 것이다. 둘째, 시간적으로도 경제적이었다. 대문자보다 훨씬 빠르게 기록할 수 있었기 때문이다. 셋째, 소문자의 정착과 더불어 마침표라든지 쉼표 등 구두법과 악센트가 함께 정착되기 시작했는데, 그렇기 때문에 소문자 사본들은 읽기에도 좋았다. 넷째, 소문자는 대문자보다 필체가 화려하다. 두 개 또는 세 개, 심지어는 그 이상의 여러 개의 글자들을 마치 한 글자인 것처럼 쓰는 합자合字, Ligatur가 많이 사용되어 아름다운 느낌을 주는데, 이러한 장식적인 필체가 중세의 화려함과 잘 어울렸던 것이다. 중세로 접어들면서 팽창해질 대로 팽창해진 교회의 권위와 권력을 잘 드러낼 수 있는 것이 여럿 있었겠지만, 성서도 여기에서 빠지지 않았다. 대문자 사본 시대 때부터 부분적으로 장식이 첨가되기는 했지만, 소문자 사본 시대에 접어들면서 장식이 매우 화려해지고, 사본에 그림도 많이 포함되었다. 그림도 화가의 해석을 포함하고 있기 때문에 그림을 통해서 우리는 중세의 신학과 문화를 엿볼 수 있다.

소문자 사본 1361번은 본문비평적인 견지에서 볼 때 전혀 특별한 사본은 아니다. 다만 여기서 소개하고 싶은 것은 이 사본에 포함되어 있는 그림이다. 이 그림을 보면 세례자 요한이 예수에게 세례를 베풀고 있다. 매우 초기부터 기독교인들은 이교도들을 성적으로 문란한 자들이라고 비난했지만, 늦어도 2세기부터는 이교도들 역시 기독교인들을 같은 이유로 비난하였다. 기독교인들이 예수를 기억하며 그의 '살'과 '피'를 먹는 예식을 행한다고 하니, 이교도들의 눈에 기독교인들은 인육제사人肉祭祀를 드리는 자들이었다. 또 사람들이 보는 앞에서 발가벗고 세례를 받았으니, 성적으로 문란한 자들로 보였을 것이다. 오늘날 기독교인들은 나체로 세례를 받는

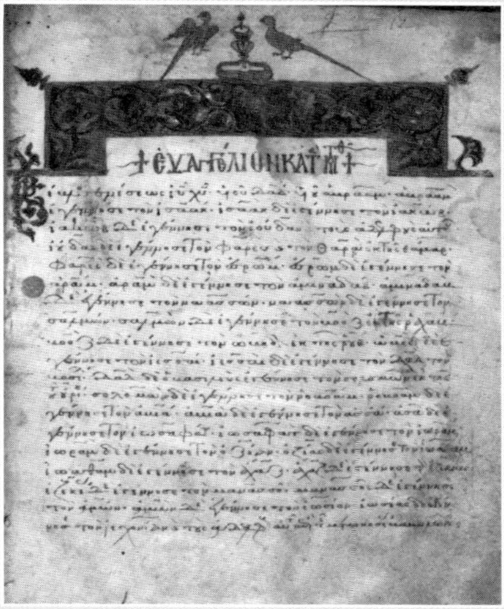

12세기 후반부의 소문자 사본 57번.
마태복음의 시작 부분이
매우 화려함을 볼 수 있다.

소문자 사본 1361번. 마가복음이 시작하는 단락이다. 그래서 왼쪽에는 마가 기자의 모습이 그려져 있다. 오른쪽에는 마가복음 처음에 나오는 예수의 세례에 대한 그림이다.

것을 상상하기 힘들 것이다. 하지만 그림에서 보듯이 적어도 일부 지역에서는 10세기 이후까지도 초기 기독교인들이 옷을 벗고 세례를 받았다고 이해한 것으로 보인다.

최근에 발표된 유다복음서에서도 유다로 대표되는 유다 공동체가 열두 제자로 대표되는 기성 기독교 공동체를 비난하는 내용이 나온다. 예수가 열두 제자의 꿈을 해석해 주는 장면에서 열두 제자는 아이들을 희생제물로 바치고, 자기 아내를 바치는 자들로 묘사되고 있다. 또 남색을 즐기는 자들, 학살을 일삼는 자들로 묘사되기도 한다. 아마도 '음행'은 외부인들이 기독교인들을 비난하는 품목이었던 동시에, '다른' 기독교인들이 기성 기독교 공동체를 비난하는 품목이었던 것으로 추정된다. 이것은 어쩌면 나체로 행하는 기독교인들의 세례 예식 때문이 아니었을까? 시간과 공간에 따라 조금씩 차이는 있었을 테니, 모든 기독교 공동체의 세례 의식을 획일화할 수는 없었을 것이다. 그런데 히폴리투스Hipolytus의 『사도전승』Traditio Apostolorum에는 3세기경 로마에서 행해지던 세례 의식이 비교적 자세히 소개되어 있는데,[7] 여기서 세례를 받는 사람은 '나체로' 감독이나 장로 앞에 나서야 한다고 기록되어 있다.(XXI, 11) 세 차례에 걸쳐 물에 몸을 담근 후에는, 장로가 세례를 받는 사람에게 기름을 바른다.(XXI, 19) 남자든 여자든 구별이 없었다. 그러고 나서 몸이 다 마른 다음 옷을 입는다.(XXI, 20) 아마도 새 옷을 입었을 것이다. 이것은 참으로 상징으로 가득한 세례 의식이다.

오늘날 우리는 상징을 잃어버린 시대에 살고 있다. 상징적인 행

요한 기자를 그린 그림이다.

위를 하면서 그것의 의미를 언어로 풀어주어야만 의미가 전달된다. 초기 기독교인들은 상징이라는 언어를 잘 이해했다. 특별히 해석해 주지 않아도 상징의 의미를 잘 받아들인 것으로 보인다. 물론 상징이 풍부한 예식을 드리기도 했다.

세례의 의미가 거듭남이라고 한다면, 물에 들어가는 것은 죽음을 상징한다. 모세가 가른 홍해가 다시 합쳐졌을 때 그 물에 빠진 사람들이 다 죽은 것처럼, 또 노아의 홍수에 빠진 사람들이 다 죽은 것처럼, 물에 빠지는 것은 죽음을 의미한다. 태곳적부터 물은 혼돈과 죽음의 상징이었다.[8] 반면에 물에서 다시 나오는 것은 생명을 뜻한다. 그러니 물에 들어갔다가 다시 나오는 것은 거듭남이다. 옛사람은 죽고 새사람이 되는 예식이다. 물에 들어가기 전에 옛사람을 상징하는 옷을 벗어버리고, 물에서 나와서는 새사람을 상징하는 새로운 옷을 걸치는 것은 참으로 의미 있는 상징 행위이다. 이러한 의미를 제대로 아는 내부인들에게는 옷을 벗는 것이 크게 문제가 되지 않았을 것이다. 그러나 외부인들의 눈에는 이런 예식이 음란한 행위로 보이지 않았겠는가?

소문자 사본들에는 다양한 그림들이 나타난다. 이러한 그림들은 당시의 기독교 사회뿐만 아니라, 당시의 세계 문화를 바라볼 수 있는 통로로서의 창문 역할을 한다. 사본들을 통해서 우리는 단지 성서의 본문만이 아니라 그 성서를 사용한 기독교인들의 세계관과 신앙관과 가치관을 접하게 되는 것이다. 복음서 기자들의 그림도 많이 나타나는데, 일반적으로 하나님의 계시를 받고 글을 쓰는 것으로 묘사된다. 이런 그림들을 통해서 성서는 하나님의 영감을 받은 권위 있는 문서라는 고백을 들을 수 있다.

14세기의 소문자 사본 109번에 나타나는 필사자의 오류는 유명하다. 글을 제대로 알지 못하던 필사자는 두 단으로 된 대본을 베끼면서 마치 대본이 한 단으로 되어 있는 것처럼 두 단을 가로질러 베꼈다. 그러다 보니 누가복음 3장에 나타나는 예수의 족보가 엉망이 되었다. 인류의 기원이 되어야 할 하나님이 아담의 아들로 소개되어 있고, 인류의 기원은 베레스가 되어 버렸다.[9)]

제6장 성구집과 고대 번역본과 교부 인용문

성구집이란 교회력에 따라 읽어야 할 신약성서 본문들을 순서에 따라 모아놓은 책이다. 성구집은 성격에 따라 여러 가지로 나뉘는데, 먼저 토요일과 일요일 예배에 읽어야 할 본문만을 모아놓은 성구집이 있고, 또 매일 읽어야 할 본문을 모아놓은 성구집이 있다. 또한 복음서의 본문만을 모아놓은 성구집이 있으며, 서신들의 본문만을 모아놓은 것들도 있다.

○ 제6장 성구집과 고대 번역본과 교부 인용문

1. 성구집

성구집이란 교회력에 따라 읽어야 할 신약성서 본문들을 순서에 따라 모아놓은 책이다. 각각의 문단은 "주님께서 말씀하셨다"(εἶπεν ὁ κύριος)라든지 "그때에"(τῷ καιρῷ ἐκείνῳ) 또는 "그날에"(ἐν ταῖς ἡμέραις ἐκείναις)와 같은 일정한 도입구로 시작되는데, 이러한 도입구에 어울리도록 문맥이 고쳐졌다.

성구집은 성격에 따라 여러 가지로 나뉘는데, 먼저 토요일과 일요일 예배에 읽어야 할 본문만을 모아놓은 성구집이 있고, 또 매일 읽어야 할 본문을 모아놓은 성구집이 있다. 또한 복음서의 본문만을 모아놓은 성구집이 있으며, 서신들의 본문만을 모아놓은 것들도 있다. 물론 복음서와 서신들의 본문을 모두 모아놓은 것들도 있다. 그러나 성구집은 일반적으로 '시낙사리온'synaxarion과 '메놀로기온' menologion 으로 나뉜다. 시낙사리온에는 해에 따라 날짜가 바뀌는 교회력에 따라 부활절부터 시작하여 매일 읽어야 할 본문이 수록되어 있으며, 메놀로기온에는 일반력에 따라 9월 1일부터 시작하여 특별한 날과 주말에 읽어야 할 본문이 수록되어 있다.[1] 따라서 시낙사리온은 매일 예배를 드리는 수도원 등에서 주로 사용되고, 메놀로기온은 일반 교회에서 사용된 것으로 추정된다.

기독교 초기에는 이러한 성구집이 발전하지 않았고, 다만 일반

소문자로 기록된 성구집.
왼쪽은 누가복음 11장 27절 이하의 본문이고,
오른쪽은 고린도전서 4장 9절 이하의 본문이다.

사본에 특별한 표시를 하여 특별한 날에 읽을 본문을 표시하였다.[2] 그런데 이것이 발전하여 성구집으로 정착이 되었다. 대개의 성구집들은 소문자로 기록되었으나 약 20%는 대문자로 기록된 것으로 8세기 이전의 성구집들이다. 오늘날 남아 있는 가장 오래된 성구집은 4세기의 것이다.(*l*1604) 성구집의 기원에 대한 연구는 아직 합의에 이르지 못하고 있는데 이는 성구집에 대한 본격적인 연구가 진행되지 못하고 있기 때문이다. 그러나 성구집 역시 성서의 본문을 담고 있는 것으로서 성서 원문 탐구의 중요한 자료임을 고려할 때, 성구집에 대한 지속적인 연구가 필요하다.

성구집 가운데 소문자로 된 13세기의 성구집 사본 974번(*l*974)은 그 생긴 모양 때문에 홍미롭다. 이것은 더 이상 사용하지 않는 사본을 재활용한 경우를 보여주는데, 어떤 수도승이 성서를 오려서 신발을 만들어 신고 다닌 것이다. 양피지로 만들었으니 튼튼한 가죽 신발이 되었을 것이다.[3]

2. 고대 번역본

기독교가 확장됨에 따라, 기원후 2세기 중반 이후부터 그리스어 성서는 각 지역의 언어로 번역되기 시작하였다. 번역본들 가운데 특별히 주목받은 것은 라틴어 번역본과 시리아어 번역본과 콥트어 번역본이다. 물론 그 외에도 에티오피아어와 아랍어와 아르메니아

13세기의 성구집 974번.(Lect. 974)
어느 수도승이 성서의 양피지를 이용하여
신발을 만들어 신고 다녔다.

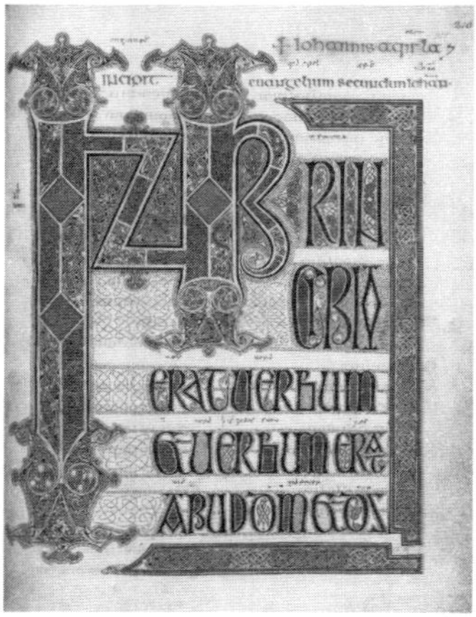

화려하기로 유명한 린디스판Lindisfarne 라틴어 복음서 사본.
이 면은 요한복음의 표지에 해당한다.

5세기 후반의 시리아어 번역본

어와 고대 슬라브어 등 10여 개의 언어로 그리스어 신약성서가 번역되었으며,[4] 오늘날 약 2만 개에 가까운 번역본이 남아 있다. 그런데 라틴어 성서 전통을 제외하고는 번역본들에 대한 연구가 충분히 이루어지지 않고 있다. 하지만 이것들 역시 중요한 자료로 신약성서 본문비평에 큰 공헌을 할 수 있는 자료들이다.

번역본들이 성서의 원문 연구에 중요한 이유는 이것들이 문자적으로 번역되었기 때문에 원문 연구의 주요한 자료로 사용될 수 있다는 데 있다. 번역본들이 그리스어에서 직접 번역되었을 경우 번역본 뒤에 놓여 있는 그리스어 대본의 본문 상태를 어느 정도 유추해낼 수 있기 때문이다.

번역본들이 중요한 두 번째 이유는 어떤 독법들이 특정한 지역과 관련이 있음을 알 수 있다는 데 있다. 예를 들어, 라틴어 본문은 로마를 중심으로 하는 서방에서 유통되던 본문을 반영하며, 콥트어는 이집트 지역에서 유통되던 본문을, 시리아 본문은 시리아 지역에서 유통되던 본문을 반영한다.

그러나 번역 본문들은 항상 그리스어 대본의 본문을 반영하지는 못한다는 한계를 지닌다. 또한 이러한 번역본들은 각각 나름으로의 독자적인 전승 역사를 가지고 있는데, 라틴어 본문의 경우 2세기부터 번역되기 시작하였다. 4세기에는 유세비우스 히에로니무스 Eusebius Hieronymus 라고도 불리는 제롬 Jerome, ca. 347–420 이 로마의 감독 다마수스 Damasus, 304–384 의 지원 가운데 기존의 라틴어 번역을 개정하여 『불가타 Vulgata 성서』를 만들어냈다. 로마 가톨릭은 트렌트 공의회

(1546)에서 그의 번역을 공식 성서로 받아들였으며, 제2차 바티칸 공의회(1962–65)까지 로마 가톨릭의 공식 성서로서 사랑을 받았다.

그러나 여기서 우리가 분명히 알아야 할 것은 그리스어 신약성서와 마찬가지로 제롬의 번역 역시 그 원본이 남아 있지 않으며, 다만 8,000개에 달하는 사본들로 전승되어 온다는 것이다. 또한 8,000개에 이르는 『불가타』 사본들이 서로 다르다는 점도 잊지 말아야 한다. 16세기 이후 로마 가톨릭의 공식 성서로 사용된 본문은 제롬의 번역에 뿌리를 두고는 있지만, 이미 많이 변개된 상태로 존재해 온 것이다.

현존하는 가장 오래된 『불가타』 사본으로 알려진 것은 풀다 사본Codex Fuldensis으로 6세기 중순의 것이다. 그런데 이 사본에는 신약성서 27권이 다 포함되어 있으며, 추가적으로 라오디게아 서신이 포함되어 있다.[5] 또한 네 복음서는 타티안Tatian의 디아테사론Diatessaron과 유사하다. 따라서 우리는 이 사본을 근거로 기원후 4세기 말 카르타고 공의회(397)에서 서방교회의 정경화 작업이 완성되었다는 주장을 의심할 수 있다.

3. 교부 인용문

교부 인용문이란 초기의 기독교 저술가들의 작품에 인용되어 있는 성서 본문을 가리키는데, 성서 사본들 외에도 이러한 인용문들

카라바지오(Caravagio)가 1606년에 그린 히에로니무스의 모습

이 원문 연구의 중요한 자료가 된다. 기원후 2세기까지는 모든 작품이 그리스어로 저술되었고, 200년경에 이르러 터툴리아누스 Tertullianus가 처음으로 라틴어로 저술활동을 하기 시작하였다. 그 이후로 서방 교부들은 주로 라틴어[6]로, 동방 교부들은 그리스어[7]와 시리아어[8]로 저술활동을 하였다.

교부 인용문이 공헌할 수 있는 점이라면, 특정 독법의 시대와 장소를 자리매김할 수 있다는 것이다. 예를 들어 이레니우스의 글에 기록된 본문이라면, 그것은 그가 활동하던 2세기 말 서방에 알려져 있던 독법이라고 '잠정적으로' 판단할 수 있다. 그러나 교부 인용문의 한계로 인해 항상 그럴 수 있는 것은 아니다. 교부 인용문을 사용할 때 특별히 유의해야 할 것은 다음과 같은 세 가지 사항이다.

우선 교부 인용문도 성서 사본과 마찬가지로 원문이 아니라는 점이다. 성서 사본과 똑같이 교부 인용문의 전승 과정에서도 필사자들에 의한 변개가 일어났음을 인식해야 한다. 교부가 인용한 성서 구절이 필사자에게 익숙한 본문이 아닐 경우, 필사자는 인용문을 익숙한 표현으로 수정하기도 하였다.

또한 교부들의 저술에 성서 본문이 인용될 때, 이것이 교부 자신이 보던 성서를 직접 인용한 것인지, 아니면 단지 그 내용을 암시적으로 언급한 것인지를 구분해야 하는데, 때로는 이런 일이 간단하지만은 않다. 또한 그것이 인용이라고 할 때, 교부가 본문을 문자적으로 정확하게 인용하였는지, 아니면 성서 본문의 문자보다는 전체적인 내용을 옮기는 데 관심이 있었는지를 밝혀야 한다. 즉 교부들의 성서 인용 습관에 유의해야 한다.

초기에 속하는 사도 교부들의 글 가운데 유스티누스 Justinus 의 글 이전까지는 정확한 신약성서 인용을 거의 찾아볼 수가 없다. 유스티누스 작품에 이르러서야 비로소 어떤 본문이 신약성서의 인용문임을 어렴풋이나마 인식할 수 있으며,[9] 180년경의 이레니우스 때가 되면, 문자적인 신약성서 인용을 종종 확인할 수 있다. 그러나 이레니우스의 경우도 마찬가지인데, 교부들은 성서를 인용할 때, 전체 문맥에 맞도록 인용문을 수정하여 인용하였다. 그러니 성서 인용문들을 원문 연구에 활용하고자 한다면, 위에서 언급한 주의점에 유의해야 할 것이다.

신약성서, 우리에게 오기까지

제7장 두루마리에서 코덱스로

거의 모든 신약성서 사본들은 '코덱스' Codex 형태로 되어 있다. 코덱스란 바로 오늘날 우리가 일반적으로 사용하는 책의 원시적인 형태를 가리키는데, 앞면만을 사용하는 두루마리와는 달리 양면을 다 사용한다. 여러 낱장을 겹쳐서 반으로 접고, 그런 묶음을 여러 개 모아서 이것들의 옆면을 꿰매어 묶어 만든 책 형태이다.

○ 제7장 두루마리에서 코덱스로

거의 모든 신약성서 사본들은 '코덱스' Codex 형태로 되어 있다. 처음 신약 문서들이 기록되던 시대, 또 그것들이 필사되던 초기 시대에 일반적인 책의 형태는 '두루마리' Scroll 였다. 코덱스라는 책 형태를 처음으로 사용한 사람들이 기독교인들이었다는 주장을 증명할 수는 없지만, 분명한 것은 기독교인들이 코덱스라는 책 형태를 널리 유포시켰다는 것이다.[1] 코덱스는 기독교가 인류 문명에 공헌한 기독교 문화의 유산이었다고 감히 말할 수도 있을 것이다. 그렇다면 왜 기독교인들은 이런 형태의 책을 널리 유포시켰을까?

기독교의 모체가 되는 유대교는 전통적으로 자신들의 경전을 두루마리 형태의 책으로 만들어 사용하였다. 20세기 중반에 유대 사막에서 대략 2,000년 전의 것들로 보이는 사본이 대량으로 발견되었는데, 이것들이 사해의 북서쪽에 있는 쿰란이라는 지역에서 발견되었다고 하여 '쿰란 사본' 또는 '쿰란 문서'라는 이름이 붙었다.[2] 물론 쿰란 지역 이외의 유대 사막에서도 이와 유사한 고문서들이 많이 발견되었다.[3] 이것들을 더 포괄적인 용어인 '사해 사본'이라고 부르는데 이것들은 하나같이 두루마리 형태로 되어 있다. 그 당시에 유대 전통의 전형적인 책 형태가 두루마리였음을 단적으로 보여주는 예이다. 오늘날에도 유대교 회당에 들어가면, 두루마리에 적혀 있는 경전을 볼 수 있다. 물론 두루마리가 유대 전통에서만 사용된 것은 아니다. 당시 그리스-로마 세계의 일반 서적들 역시 거의 모두 두루마리 형태였다. 현재 남아 있는 3세기 이전의 그리스어로 된 일반 서적들 가운데 약 98%가 두루마리 형태의 책이다. 그런데 신약 문서들은 매우 초기부터 코덱스 형태로 전승되었다. 코덱스란 바로 오늘날 우리가 일반적으로 사용하는 책의 원시적인 형태를 가리키는데, 앞면만을 사용하는 두루마리와는 달리 양면을 다 사용한다. 여러 낱장을 겹쳐서 반으로 접고, 그런 묶음을 여러 개 모아서 이것들의 옆면을 꿰매어 묶어 만든 책 형태이다.

우리가 기원후 1세기의 신약성서 사본을 가지고 있지 않기 때문에 확인할 수는 없지만, 신약성서는 매우 초기부터 코덱스 형태로 만들어진 것으로 추정된다. 현재 우리에게 알려진 124개의 신약성서 파피루스 사본 가운데 네 개를 제외한 모든 파피루스 사본이 코덱스 형태로 되어 있다.[4] 가장 오래된 신약성서 사본으로 알려진 것은 파피루스 사본 52번(𝔓52)이다. 2세기 초반의 사본으로 추정되는 이 사본에는 요한복음의 일부가 기록되어 있는데, 이것이 코덱스 형태로 되어 있다. 그 외에도 2세기의 사본들이 모두 코덱스 형태이다. 여기에는 마태복음과 누가복음의 일부가 기록되어 있는

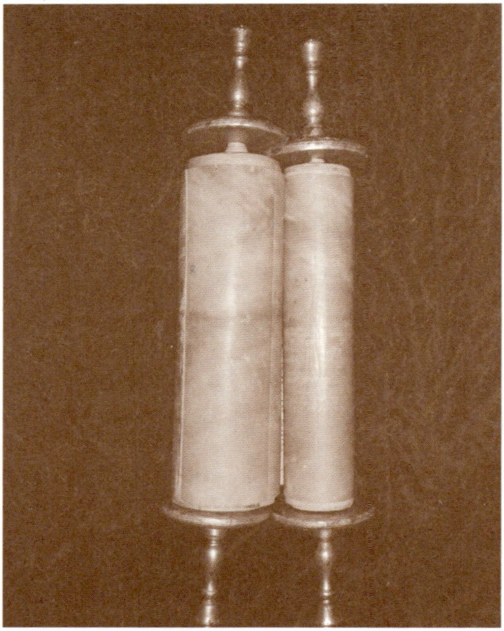

두루마리 형태의 책

파피루스 사본 4 + 64 + 67번(𝔓4/64/67),[5] 요한복음이 기록되어 있는 파피루스 사본 66번(𝔓66), 마태복음이 기록되어 있는 파피루스 사본 77번(𝔓77), 요한복음이 기록되어 있는 파피루스 사본 90번(𝔓90), 마태복음이 기록되어 있는 파피루스 사본 104번(𝔓104) 등이 포함된다. 외경 복음서가 수록된 에거톤 파피루스 2Papyrus Egerton 2 역시 코덱스 형태의 책이었다.

그리스-로마 세계에서 일반 문서들이 두루마리에서 코덱스 형태로 변하게 된 것은 대략 300년경이다. 300년경에는 약 50% 정도가 코덱스 형태였고, 4세기에 접어든 후에야 코덱스가 70%를 점유하게 되었다.[6] 그런데 그 이전의 대다수 기독교 문헌들이 코덱스로 되어 있음을 고려할 때, 2-3세기에는 특별히 기독교인들이 코덱스 형태를 즐겨 사용하였음을 알 수 있다. 코덱스라는 책 형태가 기독교인들의 발명품이라고 말하려면 더 많은 연구가 필요하겠지만, 적어도 기독교인들이 코덱스를 널리 유포시켰고, 결국 이 형태를 지배적인 책 형태로 정착시켰다고 할 수는 있다. 그렇다면 기독교인들은 왜 코덱스라는 책 형태를 선호했을까?

이에 대한 정확하고 명쾌한 해답은 없다. 그렇지만 몇 가지 이유를 생각해 볼 수는 있다. 첫째, 두루마리는 앞면에만 글씨를 쓸 수 있지만, 코덱스는 양면을 활용할 수 있기 때문에 경제적이다. 가난한 하층민이 주류를 이루었던 기독교인들 가운데서 이런 이유로 코덱스를 쓰는 사람들이 많았을 것이라고 추정할 수 있다.

둘째, 코덱스에는 두루마리보다 많은 양의 내용을 기록할 수 있다. 두루마리의 길이는 대략 6m 정도였다. 물론 기술적으로 길이가 그 이상 되는 두루마리를 만들 수는 있었지만, 10m가 넘어가면 사용하고 관리하는 데 매우 불편하기 때문에, 실제로 사용된 두루마리들은 10m를 넘지 않는다. 그러니 두루마리 사본에 적을 수 있는 글자 수도 한정될 수밖에 없었다. 이런 두루마리에는 복음서 하나 정도를 기록할 수 있다. 구약의 문서들을 예로 든다면, 이사야나 예레미야 같은 긴 예언서 하나를 기록할 수 있고, 또 12소예언서를 두루마리 하나에 기록할 수 있다. 물론 코덱스 형태의 책에 적을 수 있는 글자 수도 한정되어 있기는 하지만, 코덱스를 사용할 경우 네 복음서를 한 권에, 또 13편의 바울서신을 한 권에, 사도행전과 공동서신을 한 권에 모아놓을 수 있다. 따라서 기독교인들은 1세기 말이나 2세기 초에 네 복음서가 한 권으로, 또 바울서신이 한 권으로 묶이기 시작하던 시기부터 코덱스 형태의 책을 선호하였을 것이라고 추정할 수 있다.

셋째, 코덱스는 두루마리에 비해 휴대가 간편하다. 이 지역 저 지역을 돌아다니던 초대교회의 선교사들은 어디든 쉽게 들고 갈 수 있는 코덱스를 선호하였을 것이다. 더군다나 기독교가 박해를 받던 시기에 성서 사본을 노출하여 가지고 다니는 것은 그다지 좋은 일이 아니었을 테니, 두루마리보다는 코덱스가 주머니나 가방에 숨기기 좋았을 것이다.7)

넷째, 코덱스는 찾고자 하는 구절을 쉽게 찾을 수 있다는 장점이 있다. 두루마리의 경우, 한 구절에서 다른 구절로 넘어가려면 두루

두루마리 형태의 신약사본인 𝔓13.
두 단으로 되어 있는 것을 볼 수 있다. 하지만 단이 나뉘었다는 것만으로는 두루마리의 증거가 될 수는 없다. 코덱스 형태와 달리 두루마리는 한쪽 면에만 기록되어 있는 것으로 식별한다.

마리의 한 쪽 기둥에 감긴 양피지를 펴면서, 동시에 현재 펼쳐져 있는 양피지를 다른 쪽 기둥에 감아야 하는 수고를 해야 하는데, 코덱스 형태는 그런 수고를 덜어주었던 것이다. 이러한 요인 역시 초기 기독교 선교사들이 코덱스를 선호한 이유가 아니겠는가?

이 외에도 많은 다른 이유들이 있을 것이다. 그 가운데 하나는, 기독교인들이 새로운 형태의 책을 사용함으로써 자신들의 정체성을 확립하려고 했다는 것이다.[8] 유대교와는 차별되는 새로운 복음을 새로운 책의 형태, 즉 두루마리가 아닌 코덱스를 부각시키려고 했다는 가설이다. 어쨌든 코덱스가 기독교인들이 인류에게 선물한 소중한 문화적 유산인 것만은 확실하다.

제8장 인쇄본의 역사

인쇄본의 역사는 성서를 이해하는 데 매우 중요하다. 인쇄 기술이 발명된 직후에 출판된 성서의 본문과 오늘날 우리가 보는 성서의 본문이 사뭇 다르기 때문이다. 14세기 말 독일 마인츠에서 귀족의 아들로 태어난 구텐베르크는 1450년경 유럽에서 인쇄 기술을 발명하였다. 인쇄 기술의 발명으로 문서나 서적의 대량생산이 가능해졌고, 또한 정보의 급속한 확장과 공유가 가능해졌다.

○ 제8장 인쇄본의 역사

오늘날 우리가 보는 성서는 사본이 아니다. 물론 어떤 교회들에서는 특별한 행사로 '손으로 베낀 성서'를 만들기도 하지만, 우리 대부분이 보는 성서는 인쇄되어 나온 것이다. 이러한 인쇄본은 15세기 이후에나 나타난다. 인쇄본의 역사는 성서를 이해하는 데 매우 중요하다. 인쇄 기술이 발명된 직후에 출판된 성서의 본문과 오늘날 우리가 보는 성서의 본문이 사뭇 다르기 때문이다.

1. 인쇄 기술의 발명과 그 영향

14세기 말 독일 마인츠에서 귀족의 아들로 태어난 구텐베르크[1)]는 1450년경 유럽에서 인쇄 기술을 발명하였다. 그는 납과 주석의 합금으로 금속활자를 만들어 책을 인쇄함으로써 유럽에서의 금속활자 시대를 열었다. 사실 유럽의 금속활자 개발은 우리나라보다

200년 정도 늦었다. 오늘날까지 전해지지는 않지만 우리나라에서는 『신인상정예문발미』가 이미 13세기 초반에 인쇄되었던 것으로 추정된다. 현존하는 가장 오래된 금속활자본은 고려말기 우왕 3년(1377)에 출판된 『직지심경』直指心經 [2)]으로 현재 프랑스의 국립도서관에 소장되어 있다. 이것만 해도 구텐베르크의 금속활자보다 약 70년 이상 앞선다. 그러나 세계 최초로 인쇄 기술을 발명하고도 여러 가지 제약으로 인해 우리의 독자적인 인쇄 기술이 우리 사회에, 더 나아가 세계의 인류 문명에 큰 영향력을 끼치지는 못한 것 같아 안타깝다.

금속활자란 글자 모양의 거푸집을 만들고 놋이나 납, 주석, 구리와 같은 금속, 또는 그것들의 합금을 녹인 것을 거푸집에 부은 후에 굳혀서 만든 활자이다. 거푸집만 만들어 놓으면, 수없이 많은 같은 모양의 활자를 만들 수 있는데, 그렇게 만든 활자들을 일정한 틀에 끼워넣는 방식으로 단어와 문장을 조합하여 만든다. 이런 방식으로 틀에 활자들을 다 채우고 나서, 틀을 인쇄기에 고정시킨 다음 글씨가 볼록하게 보이는 면에 잉크를 묻힌다. 잉크가 묻은 활자 위에 종이를 올려놓고 인쇄기의 뚜껑을 덮은 후, 강하게 힘을 가하여 눌러주면 이제 한 장이 완성되는 것이다. 200부의 책을 만들 계획이라면 이러한 과정을 200번 반복한다. 그러면 한쪽 면의 인쇄가 완성된 것이다. 성서와 같이 두꺼운 책일 경우에는 이러한 과정을 수백 번 반복해야 한다. 그러고 나서 각각의 완성된 낱장들을 하나로 묶어주면, 책이 다 만들어진 것이다.

오늘날의 영어라면, 자음과 모음을 합쳐서 26개의 거푸집만 만들어 놓으면, 그 거푸집에 쇳물을 부어 수없이 많은 활자를 만들어낼 수 있으며, 이것들만 사용해도 훌륭하게 책을 인쇄할 수 있다. 대문자와 소문자를 구분하고 또 각종 기호가 필요하다고 하더라도, 대략 100개의 거푸집만 만들면 이것을 이용하여 충분히 책을 인쇄할 수 있는 것이다. 하지만 한자 문화권에 속했던 우리나라는 상황이 달랐다. 오늘날 중국에서 신문을 읽으려면 최소한 3,000자의 한자를 알아야 한다고 하니 책을 만들려면 적어도 3,000개의 활자를 가지고 있어야 할 것이다. 또한 이 활자들을 만들어내기 위해서는 거푸집이 필요한데 영어와 비교할 때 한자 거푸집을 만드는 것도 보통 어려운 일이 아닐 것이다. 그뿐만이 아니다. 효율적으로 인쇄 작업을 하려면 서로 다른 활자들을 일정한 순서에 따라 분류하여 보관해야 하는데 26개의 서랍에 활자들을 보관할 수 있는 영어와는 달리, 3,000 종류가 넘는 서로 다른 한자들을 체계적으로 잘 보관하기란 쉽지도 않았을 것이다. 그렇기 때문에 당시 우리나라에서는 금속활자가 급속히 확산될 수 없었던 것으로 보인다. 한글이 조금 더 일찍 창제되었더라면, 우리나라의 금속활자 기술이 더욱 발전하지 않았을까!

한편, 유럽에서는 구텐베르크의 인쇄 기술이 전 유럽을 강타했다. 급속도로 퍼져나간 이 기술은 유럽 사회에 엄청난 변화를 일으켰다. 컴퓨터와 인터넷이 오늘날 우리 사회를 급격하게 변화시킨 것과 같다. 우리는 정보의 바다에 빠진 채 살고 있다. 이제는 정보

구텐베르크와 구텐베르크 성서

구텐베르크가 사용한 인쇄기

를 얻는 것보다는 필요없는 정보를 차단하는 것이 더 중요할 지경이다. 지구 반대편에서 일어나는 일이 옆집에서 일어나는 일보다 먼저 우리 귀에 전달되기도 한다. 예전 같으면 아무도 몰랐을 법한 일이 이제는 인터넷을 타고 온 세계로 퍼져나간다. 이러한 현상을 정보의 급속한 확산과 공유라는 말로 집약할 수 있다. 중세의 유럽에서도 이러한 일이 일어났다. 인쇄 기술의 발명으로 문서나 서적의 대량생산이 가능해졌고, 정보의 급속한 확장과 공유가 가능해졌다. "오직 성서만으로"(sola scriptura)라는 모토를 내건 종교개혁 역시 정보의 급속한 확산과 공유를 가능하게 한 인쇄 기술 없이는 불가능했을지도 모른다. 마르틴 루터Martin Luther 이전에 일어난 수많은 종교개혁 운동들이 그만한 성과를 거두지 못한 이유 가운데 하나도 정보의 확산과 공유가 불가능했기 때문일 것이다.

구텐베르크가 처음으로 찍어낸 책은 『구텐베르크 성서』 또는 『42행 성서』라고 하는 라틴어 성서로, 당시 로마 가톨릭 교회의 공식 성서인 『불가타 성서』를 3권으로 인쇄한 것이다. 이 이름만으로도 이 성서가 42행으로 되어 있음을 알 수 있다. 여기서 42라는 숫자가 관심을 받게 된 것은, 인류 역사상 처음으로 한 쪽에 들어가는 행의 개수가 일정한 책이 만들어졌기 때문이다. 구텐베르크가 처음에 인쇄 작업을 할 때 활자를 심는 틀이 42개의 행으로 되어 있었던 것이다. 사본의 시대에는 각 쪽마다 행의 개수가 일정할 수 없었다. 첫 장이 25행으로 되어 있다고 해서, 책이 끝날 때까지 25행이 유지되는 것은 아니었다. 어느 쪽에서는 24행이었다가 또 다른 어느 쪽에서는 26행, 심지어는 27행, 28행, 29행이 되기도 하였다.

2. 신약성서 인쇄본들

『구텐베르크 성서』가 나온 지 약 60년이 지나고 나서야 처음으로 그리스어 신약성서가 인쇄, 출판되었다. 이때가 바로 1516년 3월 1일이다. 그 사이에 수많은 인쇄본 성서들이 출판되어 나왔다. 여러 종류의 라틴어 성서가 출판되었고, 영어, 독일어 등 당시의 현대어 번역 성서도 나왔다. 우리는 흔히 1522년에 출판된 마르틴 루터의 독일어 번역 성서가 최초의 독일어 번역 성서라고 생각하는데, 사실은 그 이전부터 독일어 번역 성서가 있었다. 독일어 번역 성서의 역사는 이미 기원후 3세기부터 시작되었다. 하여간 상대적으로 늦은 1516년에 이르러서야 비로소 그리스어 신약성서 인쇄본의 역사가 시작되었다. 네덜란드 로테르담 출신의 인문학자였던 에라스무스[3)]가 처음으로 신약성서 인쇄본을 출판한 것이다. 하지만 사실은 에라스무스가 작업에 착수하기도 전인 1514년 1월, 히메네스 Francisco Ximenes de Cisneros, 1437-1517 [4)]라고 하는 스페인의 사제가 1501년부터 10년 넘게 준비한 끝에 그리스어 신약성서 출판 준비를 마쳤다. 이때가 에라스무스의 신약성서가 출판되기 2년 전인 1514년이었다. 그러나 자유롭게 성서를 출판할 수 있었던 에라스무스와는 달리, 로마 가톨릭 교회의 주교였던 히메네스는 자신이 완성한 작업을 출판, 반포하기 위해서는 교황청의 재가를 받아야만 했다. 그렇게 재가를 기다린 세월이 6년, 결국 1520년경에 교황청의 재가를 받아 1522년에야 비로소 정식으로 출판, 회람되었다. 하지만 최초의 그리스어 신약성서 출판본이라는 영예는 에라스무스에게 넘겨주어야 했다.

히메네스가 교황의 재가를 기다리는 동안, 에라스무스는 재빨리 움직여 히메네스보다 먼저 그리스어 신약성서 인쇄본을 출판하였다. 히메네스가 10년 넘게 작업한 반면에, 에라스무스는 불과 6개월 만에 졸속으로 편집 작업을 마쳤다. 그는 네 복음서가 실린 사본 하나, 사도행전과 공동서신이 실린 사본 하나, 바울서신 사본 하나, 그리고 요한계시록이 실린 사본 하나, 이렇게 4개의 소문자 사본을 주요 자료로 사용한 것으로 보인다.[5] 그것도 12세기 이후에 기록된 후대의 열등한 사본들이었다. 더군다나 자기 친구에게서 구입한 요한계시록 사본은 끝부분(계 22:16–21)이 훼손되어 있었다. 그는 요한계시록이 포함되어 있는 다른 사본을 구해보려고 애를 썼으나 여의치 않았다. 결국 다른 요한계시록 사본을 구하지 못한 채 그는 하는 수 없이 라틴어 대본을 그리스어로 역逆번역함으로써 편집 작업을 완성하였다. 그 결과 이전에는 전혀 없던 새로운 그리스어 본문이 생기게 되었다. 이로 인해 새로 생긴 그리스어 본문 가운데 유명한 것이 요한계시록 22장 19절의 “생명의 책”이라는 표현이다.

히메네스의 성서(Completensian Polyglot)

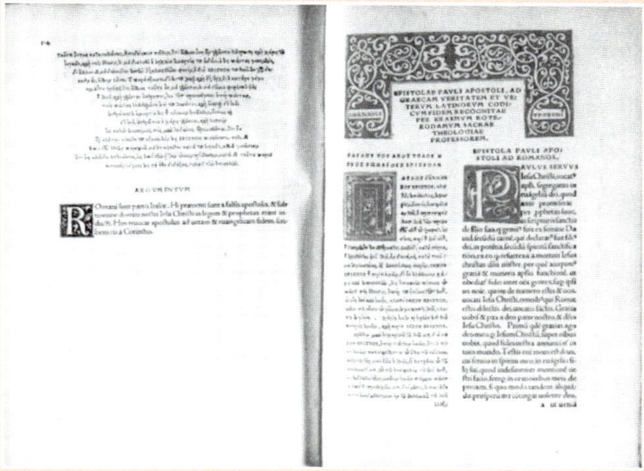

에라스무스의 신약성서

또 누구든지 이 예언의 책에 기록한 말씀에서 무엇을 없애 버리면, 하나님께서 이 책에 기록한 생명나무와 그 거룩한 도성에서 그가 누릴 몫을 없애 버리실 것입니다. —『새번역』

만일 누구든지 이 두루마리의 예언의 말씀에서 제하여 버리면 하나님이 이 두루마리에 기록된 생명나무와 및 거룩한 성에 참여함을 제하여 버리시리라 —『개역개정』

위에서 볼 수 있듯이, 『새번역』과 『개역개정』의 본문에는 "생명의 책"이라는 표현이 없다. 그런데 『한글 킹제임스 성경』에는 이 부분이 다음과 같이 번역되어 있다.

또 누구든지 이 예언의 책의 말씀들에서 삭제하면 하나님께서 **생명의 책**과 거룩한 도성 … 에서 그의 부분을 제하여 버리시리라. —『한글 킹제임스 성경』

위에 인용된 『한글 킹제임스 성경』의 본문에서는 하나님이 그의 몫(또는 부분)을 "생명나무"가 아니라 "생명의 책"에서 제하여 버리실 것이라고 보도한다. 이 본문이 바로 에라스무스의 신약성서 본문을 반영하는 것이다. 모든 그리스어 사본에는 "생명의 나무"(또는 생명나무)로 되어 있는데, 처음으로 "생명의 책"이라는 그리스어 독법이 생겨났다. 물론 이것은 변개된 라틴어 본문을 그리스어로 번역하는 과정에서 일어난 일이다.

라틴어 성서 전승 과정에서 이러한 이문이 생긴 것은, 라틴어에서 "생명의 책에서"de libro vitae라는 표현과 "생명의 나무에서"de ligno vitae라는 표현이 매우 유사하기 때문이다. 아마도 시각적으로 유사한 글자모양이나 청각적으로 유사한 발음 때문에 실수가 생긴 것이 아닐까 추정된다. 다시 말하자면, "생명의 책에서"라는 이문은 그리스어 전승과는 관련이 없는 것으로서 라틴어 성서 전승 과정에서 생겨난 이문인데,[6] 에라스무스의 신약성서에서 이 이문이 거꾸로 그리스어 성서 전승 안으로 유입된 것이다.

또한 오늘날 우리가 재구성한 원본문(ἀπὸ τοῦ ξύλου τῆς ζωῆς)은 '책' 대신 '나무'로 되어 있다는 점뿐만 아니라, 또 다른 흥미로운 차이점을 보인다. 각각의 명사 앞에 정관사가 붙어 있다는 것이다. 왜 에라스무스의 본문에는 정관사가 빠져 있는 것일까? 그것은 정관사라는 문법 요소가 없는 라틴어 문법체계의 특징 때문이다. 라틴어를 그리스어로 번역할 때 라틴어 본문에 없는 관사를 넣을 생각을 하지 않았던 것이다.

또한 에라스무스는 당시의 로마 가톨릭 교회의 공식 성서인 라틴어 『불가타』에 따라 그리스어 본문을 변경시키기도 하였다. 대표적인 것은 소위 '요한의 콤마'라고 불리는 것이다. 오늘날 우리가 보는 요한1서 5장 5-8절은 다음과 같다.

5 예수께서 하나님의 아들이심을 믿는 자가 아니면 세상을 이기는

자가 누구냐 6 이는 물과 피로 임하신 이시니 곧 예수 그리스도시라
물로만 아니요 물과 피로 임하셨고 증언하는 이는 성령이시니 성령
은 진리니라 7 증언하는 이가 셋이니 8 성령과 물과 피라 또한 이 셋
은 합하여 하나이니라—『개역개정』

그런데 에라스무스의 성서 본문을 반영하는 『한글 킹제임스 성경』에는 이 단락의 길이가 더 길다.

5 예수께서 하나님의 아들이심을 믿는 자 외에 세상을 이기는 자
가 누구냐? 6 이분은 물과 피로 오신 분, 곧 예수 그리스도시라. 물로
만이 아니라 물과 피로니라. 증거하시는 이는 성령이시니, 성령은 진
리이시기 때문이라. 7 이는 하늘에서 증거하시는 이가 세 분이시니,
아버지와 말씀과 성령이시오, 이 세 분은 하나이시라. 8 또 땅에서 증
거하는 것도 셋이니, 성령과 물과 피요, 이 셋은 하나 안에서 일치하
느니라. —『한글 킹제임스 성경』

문제가 되는 부분은 7절 "하늘에서 증거하시는 이가 세 분이시니, 아버지와 말씀과 성령이시오, 이 세 분은 하나이시라."이다. 성부와 성자(말씀)와 성령이 하나라는 이 본문은 오랫동안 삼위일체라는 교회의 정통교리의 근거 구절로 여겨졌는데, 문제는 이 본문이 그리스어 성서 전승 과정에서는 전혀 발견되지 않는다는 것이다. 에라스무스는 초판에서 긴 본문 대신 그리스어 사본들이 지지

ΑΠΟΚΑΛΥΨΙΣ

APOCALYPSIS

angeli qui mihi hæc ostendebat. Et di-
cit mihi. Vide ne feceris. Cōseruus eñ
tuus sū,& fratrū tuoꝝ pphetarꝝ,& eoꝝ
qui seruant uerba pphetiæ libri huius.
Deum adora. Et dicit mihi. Ne signa-
ueris uerba prophetiæ libri huius. Tē-
pus enim prope est. Qui nocet, noceat
adhuc, & qui in sordibus est, sordescat
adhuc,& qui iustus est, iustificetur ad-
huc. & scūs scrificetur adhuc,& ecce ue-
nio cito,& merces mea mecū est,ut red-
dā unicuiqꝫ ut opus illius erit. Ego sum
alpha & ω,primus & nouissimus, prin-
cipium & finis. Beati qui seruant man-
data illius ut sit potestas eorum in li-
gno uitæ,& per portas intrent in ciuita
tem . Foris autem canes & uenefici &
impudici & homicidæ & idolis seruien
tes,& omnis qui amat & facit menda-
cium.Ego Iesus misi angelū meū testifi
cari uobis hæc in ecclesijs. Ego sum ge-
nus & radix Dauid, stella splendida &
matutina. Et spiritus & sponsa dicunt,
294. ueni.Et qui audit dicat ueni.Et qui sitit
ueniat,& qui uult,accipiat aquam uitæ
gratis . Contestor enim omni audienti
uerba pphetiæ libri huius. Si quis ap-
posuerit ad hæc,apponet deus super il
lum plagas scriptas in libro isto.Et si qs
diminuerit de uerbis libri pphetiæ hu-
ius,auferet deus partē eius de libro ui-
tæ,& de ciuitate sancta. & de his q̄ scri-
pta sunt in libro isto.Dicit qui testimo
niū phibet istoꝝ.Etiā uenio cito.A mē.
Etiam Veni dñe Iesu. Gratia dñi no-
stri Iesu Christi cū oibus uobis. Amen.

에라스무스의 신약성서 초판(1516) 마지막 쪽.(계 22:8-21)

왼쪽 단은 그리스어 본문이고, 오른쪽은 라틴어 본문이다. 각각 밑에서부터 다섯 번째 줄부터 여섯 번째 줄까지를 보면, 에라스무스가 라틴어의 "생명의 책에서"(de libro vitae)를 그리스어(ἀπό βίβλου ζωῆς)로 역번역하였음을 알 수 있다. 원래의 그리스어 본문은 "생명의 나무에서"(ἀπὸ τοῦ ξύλου τῆς ζωῆς)였을 것으로 판단된다.

스테파누스의 신약성서 4판.(1551)

그리스어 본문과 라틴어 본문 사이에 절 표시가 있는 것이 보인다.

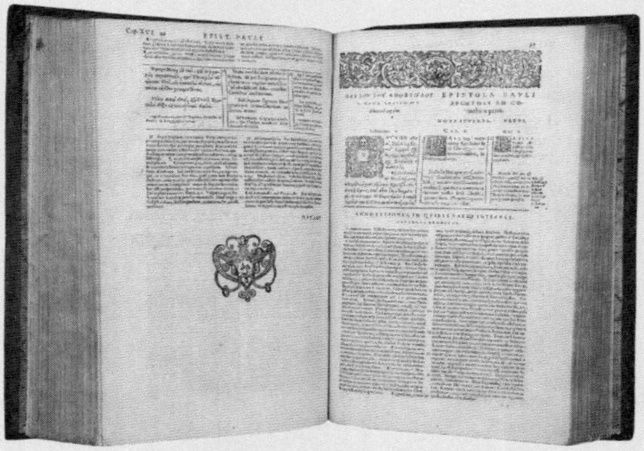

베자의 신약성서.(1588)

1565년(1판)부터 1611년(10판)까지 10판의 그리스어 신약성서가 그의 이름으로 출판되었다. 영어 번역 성서인 『킹제임스 역』(1611)은 베자의 신약성서를 대본으로 번역하였다.

하는 짧은 본문을 선택하였으나 삼위일체를 부정한다는 비난을 거세게 받자 그러한 상황을 모면하기 위해 1522년에 출판한 3판에서는 그리스어 사본 전통을 따르지 않고, 라틴어 사본 전통을 따라 긴 본문을 선택하였다. 요한계시록 22장에서의 경우와 마찬가지로 라틴어 본문을 그리스어로 역번역하여 '새로운' 그리스어 본문을 만들어낸 것이다. 루터가 번역한 독일어 성서인 『루터비벨』(1522)은 에라스무스의 신약성서 2판(1519)을 번역한 것으로 알려져 있는데, 이 성서에는 짧은 본문이 번역되어 있다.

에라스무스가 그리스어 신약성서 인쇄본을 출판한 이후, 17세기 후반 본문비평의 시기에 들어서기 전까지 여러 사람들이 이와 비슷한 그리스어 신약성서를 계속 출판하여 내놓았다.[7)] 그 가운데 특별히 관심을 끌 만한 것은 스테파누스 Stephanus 또는 Robert Estienne, 1503-59의 성서와 베자 Theodor Beza, 1519-1605의 성서와 엘제비어 형제 Bonaventure and Abraham Elzevier, 17세기의 성서이다. 위의 세 성서를 언급한 이유는 이러하다. 먼저 스테파누스는 1551년에 자신의 그리스어 신약성서 4판을 출판하면서 본문에 장절 표시를 붙였다. 물론 그 이전에도 다른 형태의 단락 구분법이 있기는 하였다. 그러나 오늘날 우리가 쓰는 것과 같은 형태의 장절 구분법은 바로 이때 시작된 것이다.

한편, 베자의 그리스어 신약성서(1598)에 우리가 관심을 갖는 이유는 이 성서가 『킹제임스 역』(1611)의 번역대본이 되었기 때문이다. 영어 번역 성서인 『킹제임스 역』은 '텍스투스 레켑투스' textus receptus 전통을 대표하는 성서라는 점에서 많은 사랑과 관심을 받고 있다. 그러나 '텍스투스 레켑투스'라는 용어는 1633년에 출판된 엘제비어 형제의 그리스어 신약성서 2판에서 처음으로 사용되었다. 이 용어는 일반적으로 '수용본문'受容本文 또는 '공인본문'公認本文으로 번역되는데, 출판업자였던 엘제비어 형제는 상업적인 목적으로 이 용어를 사용하였다. "그러므로 귀하는 이제 모두에 의해 수용되는 본문을 가지게 되었습니다. 우리는 본문에다 변경되거나 잘못된 것을 결코 넣지 않았습니다."(Textum ergo habes, nunc ab omnibus receptum: in quo nihl immutatum aut corruptum damus.) 자신들이 출판한 성서의 본문이야말로 "모든 사람들이 받아들이는 본문," 즉 수용본문이라는 것이었다. 이 본문이 공인된 본문이니 누구든지 성서를 사려거든 이것을 사라는 광고 문구였는데, 이것이 바로 텍스투스 레켑투스라는 말의 기원이 된 것이다. 그런데 에라스무스의 성서로부터 엘제비어 형제의 성서에 이르기까지 출판된 모든 그리스어 신약성서들이 거의 같은 본문을 보여주고 있기 때문에, 이 계열의 본문을 하나로 묶어 텍스투스 레켑투스라고 부른다. 이것은 10세기 이후의 비잔틴 계열의 본문 형태를 대표하는 본문이다.[8)]

17세기 말부터는 초보적인 단계이기는 하지만, 그래도 본문비평이 학문적으로 연구되기 시작하면서, 텍스투스 레켑투스에 대한 도전이 일기 시작하였다. 영국의 펠 John Fell, 1625-86이나 독일의 자우버트 Johann Saubert, 1638-88 같은 학자들이 다양한 사본들을 사용하면서 많은 이문들을 수집하기 시작하였다. 18세기에 접어들자 본문비평의 아버지라고 불리는 독일의 벵엘 Johann Albrecht Bengel, 1687-1752과 벳쉬

타인 Johann Jakob Wettstein, 1693-1754 과 그리스박흐 Johann Jakob Griesbach, 1745-1812 같은 학자들이 텍스투스 레켑투스에 본격적으로 문제를 제기하기 시작하였다. 그러나 이들은 이 본문 자체를 거부하지는 못하였다. 텍스투스 레켑투스를 거부하는 것은 곧 교회의 공식적인 권위에 대항하는 것을 의미했기 때문이다. 비록 그들은 텍스투스 레켑투스를 자신들이 출판하는 성서의 본문으로 삼았으나 그것이 후대의 열등한 본문임을 인식하였고, 그 본문의 독법들보다 더 우수한 독법들이 있음을 소개하였다. 그럼에도 불구하고 그들의 성서에 텍스투스 레켑투스가 본문으로 채택되었기 때문에, 이때까지를 텍스투스 레켑투스의 시대라고 부를 수 있다.

19세기 들어서야 비로소 텍스투스 레켑투스를 거부한 편집본이 나타나기 시작하였다. 독일의 락흐만 Karl Lachmann, 1793-1851 은 처음으로 텍스투스 레켑투스가 아닌 본문을 실은 그리스어 신약성서를 출판하였다.(1831) 그러나 그가 재구성한 본문은 학문적으로 그리 우수하다는 평가를 받지 못했다. 베를린 대학교의 고대언어학 교수였던 그는 다른 수많은 고전작품들의 원문을 재구성하기도 하였는데, 신약성서 본문의 재구성도 이와 같은 맥락에서 이루어진 것이다. 티셴도르프에 이르러서야 오늘날 우리가 보는 신약성서와 비슷한 형태의 본문을 가진 신약성서가 출판되었다.(8판, 1869-72) 사본에 대해 대단한 열정을 가졌던 티셴도르프는 많은 고대 사본들을 발견하고, 또 그것들을 해독하여 자신의 성서에 반영함으로써 고대의 본문을 회복할 수 있었다.

그 후에 영국의 두 학자 웨스트콧B. F. Westcott, 1825-1901과 호트F. J. A. Hort, 1828-92는 자신들이 체계화시킨 본문비평 이론을 토대로 더욱 우수한 본문을 지닌 신약성서를 출판하였다.(1881) 이 신약성서의 출현으로 수백 년 동안 교회의 공식 성서라는 영예를 차지하던 텍스투스 레켑투스가 학계에서 극복되었다. 그리고 이 전통을 이어받은 네스틀레Eberhard Nestle, 1851-1913의 신약성서가 나옴으로써 학계뿐 아니라 교계에서도 텍스투스 레켑투스의 시대가 막을 내리게 되었다. 1898년에 1판이 출판된 네스틀레 신약성서는 현재 27판(1993)까지 이어지고 있으며 곧 디지털 형태로 28판이 나올 예정이다. 1950년대부터는 알란트Kurt Aland, 1915-94가 편집 책임을 맡게 되면서 '네스틀레-알란트'라는 이름으로 불리게 되었으며,[9] 오늘날 가장 권위 있는 신약성서로 인정받고 있다. 또한 세계성서공회연합회(UBS)에서 출판한 그리스어 신약성서[10]가 있는데, 이 성서 4판은 네스틀레-알란트 신약성서 27판과 편집자 및 본문이 같다. 세계 각국의 성서공회는 바로 이 성서를 신약성서 번역대본으로 삼고 있다. 우리가 지금 읽고 있는 우리말 번역 성서도 바로 이 그리스어 신약성서를 번역한 것이다.

새로운 그리스어 신약성서가 나오고, 또 같은 성서라도 거듭 새로운 판이 출판되는 것은, 성서의 본문이 '변한다'는 것을 의미한다. 본문이 바뀌는 이유는 크게 두 가지인데, 첫째는 지금도 계속해서 새로운 사본들이 발견되고 있기 때문이다. 이로 인해 초기 본문에 대한 정보가 늘어나고 있으며, 결과적으로 보다 더 우수한 본문

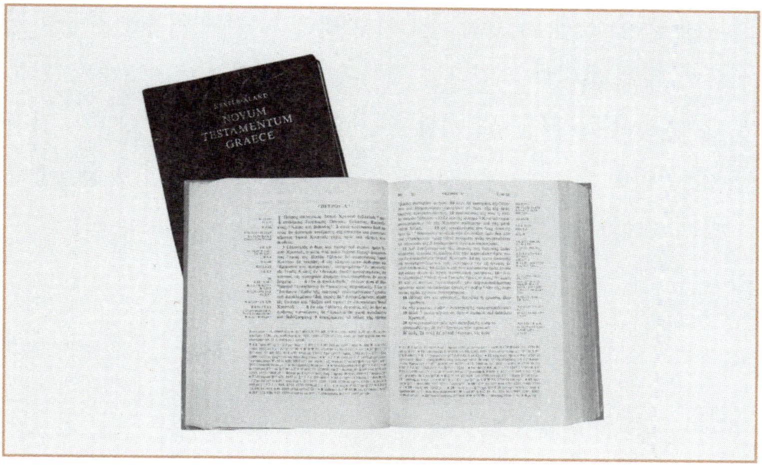

네스틀레-알란트 신약성서 27판

세계성서공회연합회 그리스어 신약성서 4판

을 회복할 수 있게 되었다. 본문이 바뀌는 두 번째 이유는 본문비평 이론이 계속 발전하고 있다는 것이다. 어떤 편집본도 고대의 '원본문'을 완전히 똑같이 재구성할 수는 없겠지만, 우수한 사본이 점점 더 많이 알려지고, 또 본문비평이라는 학문이 점점 더 발전할수록 우리는 '원본문'에 더욱 가까운 우수한 고대의 본문을 재구성할 수 있다.

3. 왜 절節이 빠져 있는가

신약성서를 읽다 보면, 간혹 "절 없음"이라는 것이 보인다. 성서학도인 필자가 많이 받는 질문 가운데 하나가 이것이다. 성서의 본문에 절 표시가 처음 붙었을 때에는 분명히 해당하는 부분에 어떤 내용이 있었을 텐데, 오늘날 우리가 보는 성서에는 도대체 왜 내용이 없느냐는 질문이다. 또 "절 없음"이라고 표기된 부분마다 각주가 달려 있는데 여기 보면, 어떤 고대 사본에는 이런 말이 있다고 하면서 성서 본문에는 없는 내용이 소개되어 있다. 이와 더불어 원래 없던 본문이 후대에 첨가되었다면, 도대체 이 구절이 왜 삽입되었을까를 질문하기도 한다.

성서를 사랑하는 독자라면, 누구나 이 "절 없음"을 본 일이 있을 것이다. 앞서 언급하였듯이, 성서의 장절 구분은 스테파누스의 그리스어 신약성서 4판(1551)에서 유래한 것이다. 오늘날 우리가 보는 성서에 "절 없음"이 있는 이유는 바로 스테파누스 때문이다. 스테파누스가 장절을 붙일 당시에는 분명히 본문이 있었으니, 절 표시를 하였을 것이다. 그런데 본문비평 연구 결과 그 절은 후대의 것으로 판명되었고, 그래서 그 본문이 성서에서 빠지게 되면서 절 표시만 남게 된 것이다. 다시 말하자면, 원래는 없던 본문이 언제인가 성서에 끼어들어가게 되었고, 중세에 유행하던 비잔틴 계열의 본문에 포함되었다가 현대 본문비평의 연구 결과에 따라 다시 빠지게 된 것이다.

구체적인 예를 들어보겠다. 사도행전 15장 34절을 찾아보면 "(없음)"이라고 되어 있고, 각주를 따라가 보면, 다음과 같이 적혀 있다.

> 어떤 사본에는 34절의 내용이 첨가되어 있음. '34. 그러나 실라는 그들과 함께 머무르려고 하였다.'[11]

여기서 말하는 "어떤 사본"은 후대의 열등한 사본들이다.[12] 우리말 번역 성서의 각주에는 표시되어 있지 않지만 다른 어떤 사본들에는 "그러나 실라는 그들과 함께 머무르려고 하였다. 그래서 유다만 혼자 떠났다."로 되어 있기도 하다.[13] 또 다른 사본에는 "그러나 실라는 그들과 함께 머무르려고 하였다. 그래서 유다만 혼자 예루살렘으로 떠났다."라고 되어 있다.[14] 반면에 대다수의 사본들 및 우수한 고대 사본들에는 하나같이 이 구절이 생략되어 있다.[15] 따라서 이 구절은 후대에 삽입된 이차적인 본문일 가능성이 매우 높다고 판단할 수 있다.

그런데 이 구절에 절 번호가 붙어 있었다는 사실은, 스테파누스의 성서에는 이 구절이 본문에 포함되어 있었다는 것을 의미한다. 우수한 사본들의 발견 및 본문비평 이론의 발전과 더불어 이 구절은 후대의 삽입으로 판명되었고, 그래서 결국 성서 본문에서 빠지게 된 것이다. 그런데 절 전체가 본문에서 빠지게 되었다고 해서, 절 번호를 하나씩 앞으로 당길 수는 없는 일이기 때문에 이 자리에 "절 없음" 현상이 생긴 것이다. 그렇다면 우리는 여기서 또 한 가지 질문을 던져볼 수 있다. 신약성서 본문 전승 과정 중에 도대체 이 구절이 왜 첨가되었을까?

사도행전 15장에 보면 바울과 바나바가 사역하던 안디옥 교회에 율법 준수와 관련된 갈등이 생겼다.(1-2절) 그래서 안디옥 교회 교인들은 바울과 바나바와 또 몇몇 사람들을 예루살렘 교회로 보내 이 문제에 대한 예루살렘 사도들의 대답을 얻어오도록 하였다.(2절) 이들은 예루살렘에 가서 사도들을 만난 다음에 '해결책'을 받아 들고는(20, 29절) 안디옥으로 돌아왔다.(30절) 그런데 이때 함께 내려온 사람들이 있었으니, 바로 유다와 실라였고(22절), 이들은 안디옥에서 얼마 동안 함께 지내게 되었다.(33절) 이제 문제가 되는 34절 바로 앞의 보도 내용이다.

> 그들(유다와 실라)은 거기(안디옥)서 얼마 동안 지낸 뒤에, 신도들에게서 평안히 가라는 전송을 받고서, 자기들을 보낸 사람들(예루살

렘 사도들)에게로 돌아갔다. —『새번역』

사도행전의 보도에 따르면, 이제 유다와 실라는 더 이상 안디옥에 없다. 그런데 36절 이후에서 문제가 발생한다. 바울과 바나바가 2차 선교여행을 떠나려다가(36절), 그만 의견이 갈리게 되었다. 바나바는 마가라고 하는 요한을 선교여행에 동참시키려고 하는데(37절), 바울이 이를 반대한 것이다.(38절) 두 사람은 심하게 다툰 끝에 결국 갈라섰다.(39절) 그래서 바나바는 마가라고 하는 요한을 데리고 선교여행을 떠났고(39절), 바울은 실라를 데리고 독자적으로 선교여행을 떠나게 된 것이다.(40절) 그런데 실라는 그 당시에 어디에 있었는가? 이미 예루살렘으로 돌아간 뒤가 아닌가!(33절) 앞뒤 문맥이 맞지 않는 일이 벌어진 것이다. 실라가 이미 예루살렘으로 돌아간 것으로 보도되었는데, 바울이 어떻게 실라를 데리고 선교 길을 떠났을까 하는 의문이 생겼다. 바로 이러한 문맥상의 모순을 해결하려는 목적으로 33절 뒤에 "그러나 실라는 그들과 함께 머무르려고 하였다."라는 보도가 삽입되었다. 안디옥 교인들이 그들을 전송하기는 하였지만, 사실 유다만 떠나고 실라는 여전히 안디옥에 남아 있었다는 인상을 주기 위한 것이다. 그런데 이 정도로 만족하지 못하는 사람들도 있었다. 그래서 이들은 거기에다 추가로 "그래서 유다만 혼자 떠났다."라든지 "그래서 유다만 혼자 예루살렘으로 떠났다."라는 표현을 첨가하였다. 이렇게 볼 때, 34절은 의심할 여지 없이 33절과 40절의 모순을 해결하기 위한 이차적인 추가 설명이다. 34절이 원래의 본문에 속하는 구절이라면, 필사자들이 이 구절을 왜 빠뜨리게 되었는지를 설명하기가 매우 어렵기 때문이다. 더군다나 고대의 우수한 사본들뿐만 아니라, 후대의 대다수 소문자 사본들에도 이 구절이 나타나지 않으니 말이다.

제9장 나오면서

새로운 사본들의 지속적인 발견과 본문비평이라는 학문의 발전으로 점점 더 고대의 훌륭한 본문을 회복하는 길이 열리고 있다. 성서의 본문이 변한다니 얼마나 감사한 일인가! 성서의 본문이 변하기에 우리는 성서를 우상화하지 않는다. 성서의 본문이 변하기에 성서가 살아 움직여 우리에게 늘 새로운 말씀으로 다가오는 것이다.

○ 제9장 나오면서

신약성서는 원문이 없다. 2만 5,000개에 달하는 사본이 있을 뿐이며, 그 가운데 5,700여 개가 원어인 그리스어로 기록되어 있는 사본들이다. 원문이 남아 있지 않다고 그저 한탄만 할 것인가? 아니, 원문을 찾아 여행을 떠날 것인가? 바울의 친서, 또 신약 저자들의 친서를 찾으러 떠나는 것도 그리 소망 있는 일은 아니다. 그것을 찾는다고 해도 그것이 자필원고인지 알 수 있는 방법이 없고, 또한 자필원고를 찾는다고 해도 그것을 정경으로 인정할 수 있는지가 문제이다. 마가복음 기자의 자필원고가 있다고 가정하고, 만약 우리가 그것을 발견한다면, 그것이 오늘날의 마가복음 본문을 대신할 수 있을까? 기원후 50년대에 바울이 직접 쓴 편지들을 발견한다면, 그것이 오늘날의 바울서신의 본문을 대신할 수 있을까? 더 나아가서 본문비평 학자들이 재구성하려는 본문이 50년경 바울이 직접 쓴 그 본문인가, 아니면 1세기 말에서 2세기 초에 걸쳐 바울서신이 묶이면서 서서히 구약과 같은 정경으로 인식되기 시작할 때의 '편집된' 본문인가?

우리말 성서에 보면, 학자들이 후대의 첨가라고 여기는 부분들이 본문에 포함되어 있는 경우가 종종 있다. 마가복음의 끝 구절(막 16:9-12)이라든지, 요한복음의 음행하다 잡혀온 여인 이야기(요 7:53-8:11)라든지, 주기도문의 송영 부분(마 6:13b)이 그러하다. 이런 본문은 사본들의 증거로 '원문'에 포함되지 않는 부분이라고 판명되었지만, 그래도 교회사적으로 매우 중요한 구절들이기에 우리가 보는 성서의 본문에 포함되어 있다. 『새번역』의 경우, 겹꺾쇠괄호 안에 본문을 묶어놓아 이것이 원래의 본문이 아님을 명시하기도 한다.

그런데 다른 종류의 후대 첨가도 있다. 자료비평적인 관점에서 볼 때 요한복음 21장은 후대에 첨가된 본문인데,[1] 이 부분은 어느 성서를 보더라도 괄호 안에 놓여 있지 않다. 본문비평적인 관점에서 판단할 때 21장이 빠진 사본의 증거를 찾을 수 없기 때문에, 이 부분은 원문에 속하는 것으로 인정을 받는 것이다. 다시 말하자면, 본문비평이라는 학문은 사본이라는 구체적인 자료를 근거로 이루어지는 작업이다.

사본들을 해독하고 분석하고 평가하여 만들어낸 본문이 오늘날 우리가 보는 그리스어 신약성서이다.[2] 각국의 성서공회가 이 대본을 모국어로 번역하며, 대한성서공회도 이것을 우리말로 번역하여 보급한다. 그런데 이 재구성된 그리스어 성서는 고정된 형태가 아니라 끊임없이 변한다. 최근에는 뮌스터의 신약성서본문연구소에

2,11 ὁ γὰρ εἰπών· μὴ μοιχεύσῃς, εἶπεν καί· μὴ φονεύσῃς· εἰ δὲ οὐ μοιχεύεις, φονεύεις δέ,
2 4 6 8 10 12 14 16 18 20 22 24 26 28 30

8-18 b μη μοιχευσεις ειπεν και μη φονευσεις
c μη μοιχευσης ειπεν και ου φονευσεις
d μη φονευσης ειπεν και μη μοιχευσης
e μη φονευσεις ειπεν και μη μοιχευσεις
f μη φονευσης ειπεν και ου μοιχευσεις
g ου φονευσεις ειπεν και ου μοιχευσεις
h μη μοιχευσης ειπεν και μη πορνευσης

20-28 b ει δε ου μο χευσεις φονευσεις
c ει δε ου μο χευεις φονευσεις
d ει δε ου μο χευσεις φονευεις
e εαν δε ου μοιχευσης φονευσεις
f ει δε συ ου μοιχευεις φονευσεις
g ει ου μοιχε σεις φονευσεις
h ει δε ου φονευεις μοιχευεις
i ει δε ου φονευσεις μοιχευσεις
jv ει δε ου φονευσις μοιχευεις
k ει δε ου φονευσεις μεν μοιχευσεις
l ει δε ου μοιχευσεις μεν φονευσις
m [...] μοιχευσεις μεν φονευσις
n ει μεν ου μοιχευσεις φονευσεις (?)

30 bf γαρ

– P20. P23. P54. P74. 048. 0166. 0173. 0246. 1846. L60. L156. L170. L1126. L1442

Jak, 2,11

6 a ειπων ... 1243f2. 2541f1
ao ειπας 02. 1739
8-18 a μη μοιχευσης ειπεν και μη φονευσης 02. 03. 025. 5. 69. 88. 218. 322. 323. 398. 400. 436C. 623. 808. 915. 918. 996. 1067. 1127. 1175. 1270. 1297. 1409. 1490. 1598. 1678C. 1735. 1751. 1831. 2523. 2541. **Byz** [1*. 365C. 1367C. 1840Z]. Cyr. PsOec
b μη μοιχευσεις ειπεν και μη φονευσεις 6. 181. 326. 365*. 378. 631. 720. 1359. 1367*. 1563. 1678*V. 1718. 2344. 2544. L427
c μη μοιχευσης ειπεν και ου φονευσεις 044. 104. 999
cv μη μοιχευσεις ειπεν και ου φονευσεις 1838. 1845. 1850. 2718
d μη φονευσης ειπεν και μη μοιχευσης 04. 61. 252. 254. 945. 1524. 1739. 1842. 1852. 2243T. 2298. 2492. **A**
e μη φονευσεις ειπεν και μη μοιχευσεις 522. 621. 2243Z
f μη φονευσης ειπεν και ου μοιχευσεις 206. 429. 614. 630. 1292. 1448. 1505C. 1611. 1765*. 1799. 2138. 2200. 2412. 2494. 2652
fv1 μη φονευσης ειπεν και ου μοιχευσης 1505*. 1609. 1765C. 1832. 1890. 2495. 2805
fv2 μη φονευσεις ειπεν και ου μοιχευσεις 2374
g ου φονευσεις ειπεν και ου μοιχευσεις 2464
h μη μοιχευσης ειπεν και μη πορνευσης L1281
↔ a/b 01. 020. 049. 1C. 33. 81. 436*V. 629. 1661. 1729. 1837. 1840T. 2242. 2674. L623
↔ a/b/c **L**:FV>. **K**:S>B. **S**:P>. **Ä**
↔ d/e 876. 1241. 2147
↔ d/e/f/g **S**:H
– P20. P23. P54. P74. 048. 056. 0142. 0166. 0173. 0246. 1066. 1243. 1846. L60. L156. L170. L422. L884. L1126. L1442
20-28 a ει δε ου μοιχευεις φονευεις 01. 02. 03. 04. 018. 044. 61. 254. 307. 400. 720. 918. 1270. 1678. 1827. 1893. 2197. 2818. Cyr. **K**:B
b ει δε ου μοιχευσεις φονευσεις 5. 69. 81. 398. 429. 436. 614. 623. 629. 630. 631. 808C. 1067. 1127. 1292. 1359. 1448. 1505. 1524. 1563. 1611. 1718. 1831. 1852. 2138. 2147. 2200. 2344. 2374. 2412. 2464. 2495. 2523. 2541. 2805. **Byz** [18C. 468V. 999*. 1367*. 1595*V. L590*]
bv1 ει δε ου μοιχευσεις φονευσις 1838
bv2 ει δε ου μοιχευσεις φονευσης 453. 1409. 1490V
bv3 ει δε ου μοιχευσης φονευσις 1729
bv4 ει δε ου μοιχευσης φονευσεις 18*V. 104. 218. 808*. 1853V 1890. 2674. L590C. L593. L596. L1141. L1441
bv5 ει δε ου μοιχευσης φονευσης 020. 049. 321. 665. 915. 996. 999C. 1367C. 1595C. 1661. 1735. 1751. 1874. 1875. 2242. 2652. L921. L1440. L2087. PsOec
c ει δε ου μοιχευεις φονευσεις 88f. 1297. 1598
d ει δε ου μοιχευσεις φονευεις 180. 2774
dv ει δε ου μοιχευσεις φονευης 38
e εαν δε ου μοιχευσης φονευσεις 322. 323
f ει δε συ ου μοιχευεις φονευσεις 522
g ει ου μοιχευσεις φονευσεις 206
gv ει ου μοιχευσεις φονευσης 1799
h ει δε ου φονευεις μοιχευεις 252. 1175T. 1241. 1739. 2298
i ει δε ου φονευσεις μοιχευσεις 876. 945. 1609. 1765. 1832. 1842. 2243. 2492C. 2494
iv1 ει δε ου φονευσης μοιχευσεις 2492*V
iv2 ει δε ου φονευσης μοιχευσης 025
jv ει δε ου φονευσις μοιχευεις 1175Z
k ει δε ου φονευσεις μεν μοιχευσεις 621
l ει δε ου μοιχευσεις μεν φονευσις 33CV
m [...] μοιχευσεις μεν φονευσις 33*
n ει μεν ου μοιχευσεις φονευσεις (?) **K**:S
↔ a/b/c/d/e/f **S**:PH
↔ a/b/c/d/e/g **L**:FV
↔ h/i/j **L**:AU.HI
– P20. P23. P54. P74. 048. 056. 0142. 0166. 0173. 0246. 1066. 1243. 1846. L60. L156. L170. L422. L884. L1126. L1442
30 a δε ... Cyr. PsOec. **L**:FV. **K**:S^{mss}B. **S**:PH
bf γαρ 1751
? **K**:S^{mss}
– P20. P23. P54. P74. 048. 0166. 0173. 0246. 1846. L60. L156. L170. L422. L1126. L1442

2,11/8-18: Ex 20,13.15; Dtn 5,17f

대비평본(Editio Critica Maior)의 본문

대비평본(Editio Critica Maior)

서 『대비평본』을 지속적으로 출판하고 있다.[3)] 이 새로운 출판본의 특징을 꼽는다면, 첫째는 현존하는 사본들이 다 반영되어 있다는 점이고, 둘째는 본문비평장치에 모든 사본 증거들이 이해하기 쉽게 정리되어 있다는 점이다. 다시 말하자면, 『대비평본』은 기존의 그리스어 신약성서들의 약점을 극복하기 위한 출판본인데, 그러다 보니 다른 약점이 생겼다. 지나치게 방대하다는 것이다. 한 쪽이 A4용지 크기인데, 맨 위에 한 줄 또는 두 줄만이 본문이고, 그 아래는 다 본문비평장치이다. 그러니 5장밖에 되지 않는 야고보서 본문만 하더라도 약 100쪽에 이른다. 부록까지 합치면 야고보서만 약 150쪽 가까이 된다.

새로운 사본들의 지속적인 발견과 본문비평이라는 학문의 발전으로 점점 더 고대의 훌륭한 본문을 회복하는 길이 열리고 있다. 성서의 본문이 변한다니 얼마나 감사한 일인가! 성서의 본문이 변하기에 우리는 성서를 우상화하지 않는다. 성서를 하나님으로 삼지 않고, 우리 믿음의 선배들을 통해 선포된 하나님의 말씀으로 받아들일 수 있다. 성서 자체가 하나님이 아니라 성서를 통해서 하나님의 모습이 계시된다는 것이다. 또한 성서의 본문이 변하기에 성서가 살아 움직여 우리에게 늘 새로운 말씀으로 다가온다. 그것은 죽은 텍스트가 아니라, 살아 움직이는 텍스트이다. 성서는 가지고 다니면서 받들어 모셔야 할 책이 아니라, 읽고, 명상하고, 고민하고, 연구해야 할 책이다.

○ 주 ○

● 들어가기에 앞서

1 여기서 '율법'은 우리가 구약성서라고 부르는 부분을 가리키는 것이지, 결코 신약성서를 포함한 기독교 경전 전체를 의미하지 않는다. 물론 조금 더 세분하여 말하자면, 구약성서 가운데서 '토라' 부분이 될 것이다. 여기서는 이 논의를 더 이상 전개하지 않을 것이다. 다만 신약성서, 특히 이 구절이 들어 있는 마태복음이 기록되던 시기인 1세기 말에 초기 기독교 공동체가 '성서'로 받아들인 것은 우리가 지금 '구약성서'라고 부르는 것뿐이었음을 지적하고자 한다. 이 사실은 사도 교부들이라고도 불리는 1세기 말과 2세기 초의 기독교 저술가들의 글을 통해서 분명히 알 수 있다. 이들의 글에 "성서에 기록되기를"이라는 도입구로 소개되는 구절들은 구약 본문들이다. 기원후 180년경의 이레니우스(Irenaeus)에 이르러서야 신약성서의 본문이 성서로 소개되고 인용되는 것을 발견할 수 있다. W.-D. Köhler, *Die Rezeption des Matthäusevangeliums in der Zeit vor Irenäus* (Tübingen: Mohr, 1987), 518. 이 책은 마태복음의 수용사에 대한 연구서이다. 초기 사도 교부들의 글에 어느 정도 마태복음을 인식할 수 있는지, 또 마태복음이 언제부터 구약과 같은 '권위 있는' 본문, 즉 성서로 인식되었는지에 대한 연구이다. 그의 연구에 따르면, 가장 먼저 그 권위를 인정

받은 마태복음도 기원후 2세기 중엽은 되어야 구약에 상응하는 권위를 얻게 된다.

2 신약성서 사본학이라는 학문 분야는 일반 고문서들을 다루는 사본학(paleography) 가운데 한 작은 분야로 신약성서의 본문이 실린 사본들만을 다루는 것이다. 신약성서 사본학은 신약성서 본문비평과 연관되기는 하지만, 분명히 구분된다. 사본학이란 글자 형태라든지 문서의 형태 등 사본의 외형에 관심을 갖는 것으로 주로 글자의 해독 및 문서의 연대 측정에 관심을 가진다. 신약성서 사본학을 잘 소개하는 책으로는 B. M. Metzger, *Manuscripts of the Greek Bible: an Introduction to Greek Palaeography*(New York: Oxford University Press, 1991)를 보라.

3 사본학이 사본의 외형에 관심을 갖는 반면에, 신약성서 본문비평이라는 학문 분야는 사본에 수록되어 있는 본문 자체에 관심을 갖는다. 또한 본문비평은 사본뿐만 아니라 인쇄되어 나온 출판본도 연구 대상으로 삼는다. 신약성서 본문비평의 주된 과제는 이문들을 수집, 평가하고, 원문에 가까운 본문을 회복하는 작업이다. 이와 더불어 본문의 변천사에 대한 연구를 하는 것이 바로 본문비평이다. 신약성서 본문비평을 잘 소개하는 책으로는 다음의 두 책을 보라. Kurt Aland/Barbara Aland, *Der Text des Neuen Testaments: Einführung in die wissenschaftlichen Ausgaben und in Theorie wie Praxis der modernen Textkritik*, 2. Aufl.(Stuttgart: Deutsche Bibelgesellschaft, 1989); B. M. Metzger/B. D. Ehrman, *The Text of the New Testament: Its Transmission, Corruption, and Restoration*, 4th ed.(New York: Oxford University Press, ^{4}2005).

● 제1장 신약성서 사본

1 장동수, 『신약성서 사본과 정경: 헬라어에서 한글까지』(대전: 침례교신학대학교 출판부, 2005), 41-43을 보라. 특히 성서 이외의 사본이 많지 않다는 것에 대하여는 각주 32와 각주 33을 보라.

2 2008년 4월 1일 현재, 파피루스 사본이 124개, 대문자 사본이 318개, 소문자 사본이 2,882개, 성구집이 2,436개이다. 신약성서 사본을 이와 같이 네 개의 범주로 나누는 것에 대해서는 본문에서 설명할 것이다. 본문의 바로 다음 단락을 보라. 공식적인 신약성서 사본 목록은 독일 뮌스터(Münster)시에 있는 '신약성서본문연구소'(Institut für neutestamentliche Textforschung)에서 관리한다. 이 연구소의 홈페이지를 방문하면, 가장 최근 자료를 확인할 수 있는데, 홈페이지 주소는 http://www.uni-muenster.de/NTTextforschung이다. 초기화면에서 'Aktuell'을 선택하고, 다시 'Fortführung der Handschriftenliste'을 선택하면, 가장 최근의 업데이트 현황을 볼 수 있다. 그 이전의 자료는 Kurt Aland, *Kurzgefasste Liste der griechischen Handschriften des neuen Testaments*, zweite, neu bearbeitete und ergänzte Aufl.(Berlin/New York: Walter de Gruyter, 1994)를 보라.

3 2008년 3월 1일에만 해도 파피루스 사본이 118개, 대문자 사본이 318개, 소문자 사본이 2,877개, 성구집이 2,433개였다. 불과 한 달 전에 비해 파피루스 사본은 6개 늘었으며, 소문자 사본은 5개, 성구집은 3개 증가하였다. 물론 매달 이렇게 변하는 것은 아니다. 단지 지난 몇 년 동안 변함이 없던 사본 목록이 이번 달에 갱신된 것이다.

4 8세기 또는 9세기 즈음에 소문자 사본이 대문자 사본을 대신하게 된 까닭에 대해서는 소문자 사본을 소개하는 제5장을 참조하라.

5 그렇다면 왜 굳이 파피루스 사본을 따로 구분하여 취급하는가를 묻지 않을 수 없다. 이것은 사본 연구의 역사적인 맥락과 밀접하게 관련된다. 20세기 이전에는 파피루스 사본이 거의 알려지지 않았으며, 따라서 3세기 또는 그 이전의 본문에 대한 직접적인 증거(사본을 의미함)를 갖고 있지 않았다. 그런데 19세기 말과 20세기 초에 파피루스 사본이 대량으로 발견되면서, 드디어 상상만 하던 3세기 이전의 사본을 얻게 되었다. 더 자세한 소개는 파피루스 사본을 소개할 때 하도록 하겠다.

제2장 본문의 전승과 변개

1 K. Aland/B. Aland, *Der Text des Neuen Testaments*, 14. 그리스어 신약성서 편집작업을 하러 바젤로 간 에라스무스는 그곳에서 복음서 사본 하나와 사도행전 및 공동서신 사본 하나, 그리고 바울서신 사본 하나를 쉽게 구할 수 있었으나, 요한계시록 사본을 구하지 못하였다. 결국 친구에게서 요한계시록 사본을 하나 얻기는 하였으나, 마지막 장이 훼손되어 요한계시록 22장 16-21절이 없었다. 그는 할 수 없이 라틴어 번역을 그리스어로 역(逆)번역하였다.

2 K. Aland/B. Aland, *Der Text des Neuen Testaments*, 17.

3 *The New Testament in Original Greek*, vol. I(Cambridge/London: Macmillian, 1881.

4 '수용본문' 또는 '공인본문'이라고도 불리는 이 단어는 라틴어 '텍스투스 레켑투스'(textus receptus)의 번역인데, 이것은 중세 이후의 로마 가톨릭 교회의 공식 성서를 지칭하는 용어로 쓰이고 있다. '수용본문'은 일반적으로 후대의 열등한 본문으로 알려져 있는데, 19세기 말까지 교회의 공식

본문이었다. 이것에 관해서는 인쇄본의 역사를 다루는 제8장을 보라.

5 고의적인 변개라는 렌즈로 이문들을 분석하여 학계에 선풍을 일으킨 책이 있다. Bart D. Ehrman, *The Orthodox Corruption of Scripture: The Effect of Early Christological Controversies on the Text of the New Testament* (New York: Oxford University Press, 1993)이다. 이 책의 저자 바트 어만에 따르면, 소위 '정통'이라고 하는 쪽에서 기독론에 대한 초대교회 이단들의 성서 오용을 막기 위해 이단들의 주장을 지지하는 것처럼 보이는 구절들을 고의적으로 변개시켰고, 그 결과 많은 이문들이 신약성서 전승에 유입되었다는 것이다. 그렇지만 그가 취급하는 많은 이문들은 실제로 고의적인 변개라기보다는 우연한 변개에 더 가깝다. 설령 그러한 고의적인 변개가 있다고 하더라도, 모든 이문 가운데 그것들이 차지하는 비중이 채 1%도 안 된다는 것을 인식한다면, 신학적인 또는 교리적인 관점으로만 이문을 해석하려는 것이 얼마나 위험한 일인지를 잘 알게 될 것이다. 그의 주장을 비판적인 시각으로 논하는 글로는 필자의 책 Kyoung Shik Min, *Die früheste Überlieferung des Matthäusevangeliums(bis 3.-4. Jh.)* (Berlin/New York: Walter de Gruyter, 2005), 296-305를 참고하라.

6 말라기 3장 1절 "내가 나의 특사를 보내겠다. 그가 나의 갈 길을 닦을 것이다. 너희가 오랫동안 기다린 주가, 문득 자기의 궁궐에 이를 것이다. 너희가 오랫동안 기다린, 그 언약의 특사가 이를 것이다. 나 만군의 주가 말한다." -『새번역』

7 알렉산드리아 사본과 프리어 사본을 비롯하여 다수 본문에는 "예언자 이사야의 글에" 대신 "예언서들에"로 되어 있다.

8 마태복음 27장 9절도 이와 마찬가지다. 스가랴 인용문인데, 본문에는 예레미야 인용문으로 제시되어 있다. 이에 어떤 필사자는 예레미야를 스가랴로 수정하였다.(소문자 사본 22번) 그런데 또 다른 어떤 사본에는 예레

미야 대신 이사야로 되어 있기도 하다.(소문자 사본 21번) 이것은 잘못된 수정이라고 할 수 있다.

9 시내 사본을 비롯한 몇몇 대문자 사본과 몇몇 성구집에 '백'이 추가되어 있다.

10 F. Blass/A. Debrunner, *Grammatik des neutestamentlichen Griechisch*, 18. Aufl., Bearbeitet von F. Rehkopf(Göttingen: Vandenhoeck & Ruprecht, 2001), §294, 또는 하성수/강지숙 (편저), 『그리스어 문법』(경북: 분도출판사, 2005), 350의 §1282를 참조하라. 견인현상이란 관계대명사가 관계절 안에서 필요한 적절한 격을 취하지 않고, 선행사의 격을 따르는 현상이다.

11 시내 사본을 비롯한 몇몇 대문자 사본과 몇몇 소문자 사본, 그리고 다수 본문에 17절의 내용이 포함되어 있다.

12 시내 사본을 제외한 대다수의 우수한 고대 사본들에는 이 본문이 빠져 있다. 만일 이 본문이 원본문에 속한다면, 이 본문이 고대 사본들에서 빠져 있는 것을 설명하기 힘들다. 그러나 이 본문은 필사자가 자의적으로 창작한 것이 아니라, 다른 세 복음서(마태, 마가, 요한)에 나와 있는 정보를 누가복음에 첨가한 것에 유의하라.

13 알렉산드리아 사본과 몇몇 대문자 사본 및 다수 본문에 긴 문장이 삽입되어 있다. 그러나 파피루스 사본 66번, 75번, 그리고 시내 사본과 바티칸 사본 등 더 오래된 우수한 사본들에는 이 긴 문장이 들어 있지 않다.

14 ASV와 KJV을 제외한 거의 모든 번역본은 이 문장을 이차적인 삽입으로 인정하고, 본문에 포함시키지 않았다.

15 시내 사본의 첫 번째 교정자 및 몇몇 대문자 사본, 그리고 다수 본문에 "아들도 모르고"가 빠져 있다.

16 사본에서 글자를 삭제할 경우, 글자 위에 점을 찍어서 삭제를 표시하는

것이 일반적인 방법이었다. 물론 글자에 선을 긋는 방법도 있었다.

17 누가복음 2장 33절에서 시내 사본과 바티칸 사본과 베자 사본을 비롯한 대다수의 고대 사본들에는 "그(예수)의 아버지"로 되어 있는 반면에, 후기의 소문자 사본들에는 거의 "요셉"으로 되어 있다. 또 누가복음 2장 43절도 이와 비슷하게 대다수의 고대 사본들에는 "그(예수)의 부모"로 되어 있으나, 후대의 소문자 사본들은 거의 "요셉과 어머니"로 되어 있다. 바트 어만(Ehrman)에 따르면, 이러한 변개는 이단, 특별히 요셉이 예수의 육체적인 아버지라고 주장하는 양자기독론의 오용을 막기 위한 교리적 변개이다. B. D. Ehrman, *The Orthodox Corruption of Scripture*, 56–58.

18 K. Wachtel, "Zur Entstehung und Ausbreitung von Varianten in der handschriftlichen Überlieferung des Neuen Testaments," *Münstersches Logbuch zur Linguistik 6: Philologische Beiträge*(1999), 79–93. 그는 교리적 변개를 주장하는 바트 어만의 주장에 대해 반론을 제기한다. 누가복음 2장의 문제에 대해서는 특별히 84–85를 보라.

19 이문을 교리적 변개로 해석하려는 연구 방향의 문제점에 대해서는 Kyoung Shik Min, *Die früheste Überlieferung des Matthäusevangeliums (bis 3.–4. Jh.)*, 296–305를 보라.

20 사본에 쓰인 그리스어 알파벳과 현대 그리스어 알파벳에는 다소 차이가 있다. 대문자 사본의 필체를 일반적으로 '언셜체'라고 하는데, 이 필체는 시그마를 'Σ' 대신 'C'로 쓰고, 엡실론은 영어의 'E'처럼 각이 지게 쓰지 않고, 둥글게 썼다. 사본에 나타나는 그리스어 필체를 확인하려면, B. M. Metzger, *Manuscripts of the Greek Bible: an Introduction to Greek Palaeography*를 참고하라.

21 거룩한 이름들(nomina sacra)에 대해서는 C. H. Roberts, *Manuscript,*

Society and Belief in Early Christian Egypt(London: Oxford Univ. Press, 1979), 26–48과, 또한 D. Trobisch, *Die Endredaktion des Neuen Testaments: Eine Untersuchung zur Entstehung der christlichen Bibel*, Novum Testamentumet Orbis Antiquus 31[Freiburg(Schweiz): Academic Press, 1996], 13–70을 보라. 거룩한 이름을 약자로 쓰는 체계가 매우 초기부터 보편적으로 발견되는 것은 특기할 만한 사항이다. 기독교 세계의 어느 중심지 한 곳에서 생성, 발전된 것으로 추정되나, 아직까지 학계의 일반적인 합의는 없다.

22 시내 사본에 보면 19절 하반절이 빠져 있는데, 나중에 교정자가 사본의 하단 난 외에 이것을 보충하였다. 프리어 사본에는 19절 상반절이 생략되어 있으나, 수정된 흔적이 없다.

23 그리스어 성서(NTG[27])에서는 어려운 독법인 "ἀλλὰ ἐγενήθημεν νήπιοι"(그러나 우리는 어린아이가 되었습니다.)를 선택한 반면, 우리말 번역 성서들을 포함하여 대다수의 현대어 번역본들은 "ἀλλὰ ἐγενήθημεν ἤπιοι"(그러나 우리는 유순하게 되었습니다.)로 번역하였다.

24 3/4세기 전후의 필사방식의 변화에 대해서는 Kyoung Shik Min, *Die früheste Überlieferung des Matthäusevangeliums(bis 3.–4. Jh.)*, 49–51을 보라.

● 제3장 파피루스 사본

1 가장 오래된 파피루스 두루마리는 제1왕조 시대인 기원전 약 3000년의 것이다. 무덤에서 발견된 두루마리는 아무것도 쓰이지 않은 빈 용지인데, 죽은 사람이 쓸 수 있도록 빈 두루마리를 무덤에 넣어둔 것으로 추정

된다. 반면, 문자가 기록된 가장 오래된 파피루스 문서는 기원전 약 2350년의 것으로 추정된다. Alan Millard, *Reading and Writing in the Time of Jesus*(New York: New York Univ. Press, 2000), 24–25.

2 Alan Millard, *Reading and Writing in the Time of Jesus*, 24.

3 코덱스는 오늘날 우리가 일반적으로 사용하는 책 형태인데, 낱장 용지들의 한쪽을 묶은 형태이다. 코덱스가 서서히 두루마리를 대신하게 된 것에 대해서는 제7장을 보라.

4 옥시링쿠스는 신약성서 파피루스 사본이 가장 많이 발견된 곳인데, 여기서는 신약 문서뿐만 아니라, 다른 일반 파피루스 사본도 다량으로 발견되었다. 알렉산드리아에서 남쪽으로 약 300km 지점, 카이로에서 남서쪽으로 160km 지점에 위치한다.

5 대표적인 것이 바티칸 사본(B, 03)과 시내 사본(ℵ, 01)이다. 대문자 사본에 대해서는 제4장을 보라.

6 단편 사본이라는 말은, 영어 또는 독일어 Fragment의 번역이다. 코덱스 형태가 다 보존되지 못하고, 단지 몇 조각만 남아 있는 사본을 단편 사본이라고 한다. 일반적으로 한 장의 일부분이 남아 있는 경우가 많다.

7 소위 '가이사랴 본문'에 대한 기대가 그것이었다. 그러나 이러한 본문형태가 실제로는 없었다. L. A. Hurtado, *Text-Critical Methodology and the Pre-Caesarean Text: Codex W in the Gospel of Mark*, Studies and Documents 43(Grand Rapids: Eerdmans, 1981)을 보라.

8 이 가능성을 처음으로 체계적으로 주장한 학자는 C. M. Martini이다. 그의 책 *Il problema della recensionalità del papiro Bodmer XIV*, Analecta Biblica 26(Rome: Biblical Institute Press, 1966), 149 이하를 참고하라. 그는 오늘날의 본문이 4세기에 알렉산드리아에서 편집된(또는 의도적으로 왜곡된) 본문일 가능성을 차단시켰다. 소위 '알렉산드리아 본문'으로 알

려진 4세기의 바티칸 사본의 본문이 그것보다 150년 이상 이전의 사본인 𝔓75에 잘 반영되어 있다는 것이 그의 탁월한 연구 결과이다. 또한 다음에 제시되는 Gordon D. Fee의 글도 참고하라. G. D. Fee, *Papyrus Bodmer II(P[66]): Its Textual Relationships and Scribal Characteristics*, Studies and Documents 34(Salt Lake City: University of Utah Press, 1968), 82 이하와, 같은 저자의 논문 "P[75], P[66] and Origen: The Myth of Early Textual Recension in Alexandria," *Studies in the Theory and Method of New Testament Textual Criticism*, Studies and Documents 45, E. J. Epp/G. D. Fee(edd.)(Grand Rapids: Eerdmans, 1993), 247-273을 보라. 그는 2세기에도 이러한 '체계적인 편집'(또는 왜곡) 작업이 있지 않았다고 설득력 있게 주장한다.

9 이것은 필자의 연구 결과 가운데 하나이다. 필자는 초기의 신약성서 파피루스 사본들을 본문비평적으로 분석하였고, 2세기와 3세기에 결코 다른 형태의 본문이 지배적이지 않았다는 견해를 펼쳤다. 필자의 책 Kyoung Shik Min, *Die früheste Überlieferung des Matthäusevangeliums (bis 3.-4. Jh.)*, 271-288을 참고하라.

10 그리스어 원문(ἑταῖρε, ἐφ' ὃ πάρει)은 『개역개정』에서 "친구여, 네가 무엇을 하려고 왔는지 행하라."로 번역되어 있고, 『새번역』에서는 "친구여, 무엇 하러 여기에 왔느냐?"로 번역되어 있다. 두 가지 모두 가능한 번역이다. 『개역개정』의 경우는 이 문장을 평서문으로 이해하고, "행하라"는 표현을 첨가한 번역이며, 『새번역』은 이 문장을 의문문으로 이해한 경우이다. 고대 사본들에는 문장부호가 나타나 있지 않기 때문에, 이 문장은 의문문으로 이해할 수도 있고, 평서문으로 이해할 수도 있다.

11 민경식, "초기 신약성서 단편 사본 연구방법에 대한 고찰," 「신약논단」 12권(2005): 157-196을 참고하라. 또한 B. Aland, "Kriterien zur

Beurteilung kleinerer Papyrusfragmente des Neuen Testaments," in *New Testament Textual Criticism and Exegesis: Festschrift J. Delobel*, BEThL 161, A. Denaux, Leuven(ed.)(Leuven: University Press & Peeters, 2002), 1-13과, 같은 저자의 "Der textkritische und textgeschichtliche Nutzen früher Papyri, demonstriert am Johannesevangelium," in *Recent Developments in Textual Criticism: New Testament, Early-Christian and Jewish Literature: Papers Read at a Noster Conference in Münster, January 4-6*, 2001, W. Weren/D.-A. Koch(edd.), StTR 8, Assen, 2003, 19-38을 보라. 첫 번째 것은 새로 제안한 방법론에 대한 소개이고, 두 번째 것은 그 방법론을 가지고 최근에 출판된 요한복음 사본들을 연구한 것이다. 물론 파피루스 단편 사본들에 대한 연구의 필요성은 이미 오래전부터 대두되고 있었다. 그러나 새로운 방법론이 제시된 것은 극히 최근의 일이다. K. Aland, "The Significance of the Papyri for Progress in New Testament Research," in *The Bible in Modern Scholarship: Papers Read at the 100th Meeting of the Society of Biblical Literature, December 28-30, 1964*, J. P. Hyatt(ed.)(Nashville/New York, 1965), 325-346을 보라.

12 민경식, "마태복음서 21장 44절과 𝔓104(P. Oxy. 4404)," 「종교와 문화」 11호(2005): 105-118.

13 옥시링쿠스 파피루스는 2007년 말 현재 공식적으로는 4,837번까지 출판되었다.

14 옥시링쿠스 파피루스에 대한 논의는 민경식, "옥시링쿠스 파피루스의 가치와 전망," 「성서원문연구」 22호(2008): 7-21을 보라.

● 제4장 대문자 사본

1 제작 과정을 포함하여 양피지에 대한 전반적인 소개로는 R. Reed, *The Nature and Making of Parchment*(Leeds: Elmete Press, 1975)를 보라.

2 Plinius, *Historia Naturalis*, 13, 70.

3 무두질을 하지 않은 원시적인 형태의 가죽용지는 이미 기원전 2200년경부터 사용된 것으로 알려져 있다. A. Millard, *Reading and Writing in the Time of Jesus*, 26. 흔히 벨럼(vellum)이라고 하는 것도 양피지의 일종인데, 이것은 어린 송아지나 새끼 염소의 가죽을 더욱 깔끔하게 손질하여 만든 품질이 더 우수한 양피지이다.

4 기독교인들이 두루마리 형태의 책이 아니라 코덱스 형태의 책을 사용한 것에 대해서는 이 책의 제6장을 참조하라. 또한 C. H. Roberts/T. C. Skeat, *The Birth of the Codex*(London/New York: Oxford University Press, 1983)와, 더 최근의 책으로는 H. Y. Gamble, *Books and Readers in the Early Church: a History of Early Christian Texts*(New Haven: Yale Univ. Press, 1995)를 참조하라.

5 소문자 사본이 대문자 사본을 대신하게 된 것에 대해서는 제5장을 보라.

6 Eusebius, *Historia Ecclesiastica*. IV, 12, 2이하.

7 가현설은 예수가 참 사람이라는 것을 반대하는 기독론으로, 예수가 인간의 모습으로 온 것 '같이 보일' 뿐, 실제는 그렇지 않다는 주장이다. 초기 기독교 영지주의의 일반적인 기독론으로, 예수의 인성을 부정하고 신성만을 긍정한다. 베드로복음서가 실제로 가현설을 주장하는지에 대해서는 논의의 여지가 있다. J. W. McCant, "The Gospel of Peter: Docetism Reconsidered," *NTS* 30(1984): 258-273을 참조하라.

8 새로 발견된 단편 사본들에 대해서는 D. Lührmann, "Ein neues Fragment

des Petrusevangeliums?" *NT* 35(1993): 390–410을 보라.

9 Rodolphe Kasser/Marvin Meyer/Gregor Wurst(edd.), *The Gospel of Judas*, Additional Commentary by Bart D. Ehrman(Washington D.C.: National Geographic Society, 2006). 우리말로도 번역이 되었다. 로돌프 카세르, 마빈 마이어, 그레고르 부르스트(편), 『예수와 유다의 밀약: 유다복음서』(서울: YBM Sisa, 2006). 특히 15–42는 유다복음의 본문을 번역한 것이다. 유다복음에 대해서는 또한 J. M. Robinson, *The Secrets of Judas: The Story of the Misunderstood Disciple and His Lost Gospel*(New York: Harper San Francisco, 2006)을 참조하라.

10 물론 오늘날 베드로복음서의 내용이 전혀 알려지지 않은 것은 아니다. 이미 교부들의 글을 통해서 알려져 있고, 또한 몇몇 단편으로만 전해지고 있기도 하다. 그러나 복음서 전체 내용을 담고 있는 사본은 전해지지 않는다. 옥시링쿠스에서 발견된 단편으로는 파피루스 옥시링쿠스 2949번(P. Oxy. 2949)과 4009번(P. Oxy. 4009)이 있다. 둘 다 몇 줄이 적혀 있는 작은 사본들로서 P. Oxy. 2949는 2세기 후반 또는 3세기 초반의 것이며, P. Oxy. 4009는 2세기의 것으로 추정된다. 따라서 2세기에 이미 베드로복음서가 이집트 지역에 유포되고 있었음을 알 수 있다.

11 4세기 중엽(AD 467) 알렉산드리아의 주교 아데나시우스(Athenasius)가 주변 기독교 공동체들에 보낸 39번째 부활절 서신을 보면, 더도 아니고 덜도 아니고, 오늘날 우리의 신약 정경과 정확히 일치하는 27권의 책이 믿음의 표준으로 규정되고 있다. 이것을 신약성서 정경화의 마무리로 보려는 견해가 있다. 또한 397년의 카르타고 공의회를 정경화의 완성으로 보려는 견해도 있다. 그러나 그 이후의 신약성서 사본들이나 교부들의 주석서 등을 보면, 아직 신약 정경이 정착되지 않았다고 판단할 수 있다.

12 *Die Stichometrie des Nikephoros.*

13 신약성서의 정경화 작업에 대해서는 다음의 책을 참고하라. B. M. Metzger, *The Canon of the New Testament: It's Origin, Development, and Significance*(Oxford: Clarendon Press, 1987); Hans Freiherr von Caumpenhausen, *Die Entstehung der christlichen Bibel*(Tübingen: J. C. B. Mohr, 1968); Wilhelm Schneemelcher, *Neutestamentlichen Apokryphen*, 6. Aufl., I: Evangelien(Tübingen: Mohr, [6]1990), 1-40.

14 콘스탄티누스 황제의 생애를 묘사한 유세비우스의 글(*Life of Constantine*)에 보면, 콘스탄티누스가 50권의 성서를 주문한다.(iv, 36) 시내 사본과 바티칸 사본이 이 50권에 속할 것이라고 생각하는 의견에 대해서는 Theodoer C. Skeat, "Sinaiticus, Vaticanus, and Constantine," *Journal of Theological Studies*, NS 50(1999): 583-625를 보라.

15 스트리터(Streeter)가 확립한 가설에 따르면, 시내 사본과 바티칸 사본은 4세기에 알렉산드리아에서 개정 또는 편집된 본문을 대표한다. B. H. Streeter, *The Four Gospels: A Study of Origins, Treating of the Manuscript Tradition, Sources, Authorship, and Dages*(London: Macmillan, 1924), 27. 오늘날까지도 (약간 수정된) 이 가설을 따르는 대표적인 학자는 에프이다. E. J. Epp, "Textual Criticism(NT)," *Anchor Bible Dictionary*, vol. 6(New York: Doubleday, 1992), 412-435. 특히 430-431을 보라. 또한 E. J. Epp, "The Significance of the Papyri for Determining the Nature of the New Testament Text in the Second Century: A Dynamic View of Textual Transmission," E. J. Epp/G. D. Fee(edd.), *Studies in the Theory and Method of New Testament Textual Criticism*, Studies and Documents 45(Grand Rapids: Eerdmans, 1993), 274-297, 특히 294를 보라.

16 T. C. Skeat, "The Codex Sinaiticus, the Codex Vaticanus and Constantine," 583-625. 특히 583-604를 보라.

17 본문유형 이론에 대한 더 자세한 비판적 논의는 민경식, "초기 신약성서 단편 사본 연구방법에 대한 고찰," 162-174를 보라.

18 이에 대해서는 브루스 M. 메츠거, 장동수 옮김, 『신약 그리스어 본문주석』(서울: 대한성서공회, 2005), 214-227을 보라.

19 브루스 M. 메츠거, 『신약 그리스어 본문주석』, 327.

20 '서방 본문'의 논쟁에 대해서는 J. Delobel, "The Text of Luke-Acts: A Confrontation of Recent Theories," in *The Unity of Luke-Acts*, J. Verheyden(ed.)(Leuven: Leuven University Press, 1999), 83-107을 참조하라. 본문유형에 대한 논의는 민경식, "초기 신약성서 단편 사본 연구방법에 대한 고찰," 162-174를 보라.

21 Kyoung Shik Min, *Die früheste Überlieferung des Matthäusevangeliums (bis 3.-4. Jh.)*, 305-310을 보라.

제5장 소문자 사본

1 K. Aland/B. Aland, *Der Text des Neuen Testaments*, 159와 163을 참조하라.

2 M. V. Orna, et. all., "Application of Infrared Microspectrocopy to Art Historical Questions about Medieval Manuscripts," *ArchCh* 4(1988): 270-288을 참조하라.

3 Barbara Aland/Klaus Wachtel, "The Greek Minuscule Manuscripts of the New Testament," in *The Text of the New Testament in Contemporary Research*, Eldon J. Epp(ed.)(Grand Rapids: William B. Eerdmans Publishing Company, 1995), 43-60을 참조하라.

4 코덱스가 두루마리를 대신하게 된 이유와 과정에 대해서는 제7장을 참

조하라.

5 이에 대해서는 파피루스 사본을 설명하는 제3장을 참조하라.

6 대문자 사본을 소개하는 제4장에 보면, 에브라임 사본(Codex C)에 대한 설명이 나오는데 이것을 참조하라.

7 『사도전승』이 히폴리투스의 위서일 것이라는 주장도 있다. 하지만 이 문서가 위서이든 아니든, 초대교회의 수많은 문서들 가운데 이 문서만큼 당시의 세례 의식을 자세히 소개하는 것은 없다. 우리말로도 번역되어 있다. 히뽈리뚜스, 이형우 옮김, 『사도전승』(서울: 분도출판사, 1992).

8 창세기 1장의 창조 이야기에 보면, 물은 하나님이 창조한 것이 아니다. 둘째 날 하나님은 "물이 있으라!"고 하지 않고, "물 한가운데 창공이 생겨, 물과 물 사이가 갈라져라!"(창 1:6)고 하셨다. 즉 혼돈에 질서를 부여한 것이다. 근동의 고대 신화에서도 물은 혼돈의 상징으로 등장한다. 고대 바빌론 창조신화인 『에누마 엘리쉬』(*enuma elish*)에서도 마르둑은 물의 여신인 티아마트를 살해하고 그것으로 천지를 창조한다. 즉 무질서 상태인 혼돈을 극복하고 질서를 부여한 것이다. 창세기의 창조 이야기에서는 혼돈의 근원을 하나님에게 돌리지 않으려는 경향이 발견되는 것이다. 반면, 외경 『희년서』(*The Book of Jubilees*)에는 물에 대한 다른 이해가 반영되어 있다. 물은 하나님이 창조한 것으로 언급되며, 심지어는 혼돈과 어둠까지도 하나님의 창조물로 소개된다.(2:2)

9 B. M. Metzger/B. D. Ehrman, *The Text of the New Testament: Its Transmission, Corruption, and Restoration*, 259.

● 제6장 성구집과 고대 번역본과 교부 인용문

1 시낙사리온과 메놀로기온에 대한 더 상세한 소개는 Carroll D. Osburn, "The Greek Lectionaries of the New Testament," in *The Text of the New Testament in Contemporary Research*, Eldon J. Epp(ed.)(Grand Rapids: William B. Eerdmans Publishing Company, 1995), 62–63을 보라.

2 특별한 표시란, "αρχ"와 "τελ"인데, 각각은 시작(ἀρχὴ)과 끝(τέλος)을 의미한다. 본문의 난외에 언제 읽어야 할지에 대한 설명이 있고, 본문 행간에 이 특별한 표시를 해두어, 어디서부터 어디까지 읽어야 할지를 가르쳐 준다. 이러한 표시가 모든 사본에 있는 것은 아니다.

3 Kurt Aland/Barbara Aland, *Der Text des Neuen Testaments*(Stuttgart: Deutsche Bibelgesellschaft, 1989), 174.

4 번역본들에 대해서는 Bruce M. Metzger, *The Early Versions of the New Testament: Their Origin, Transmission, and Limitations*(Oxford: Clarendon Press, 1977)를 보라.

5 『불가타』 사본에 라오디게아 서신이 포함되는 것은 12세기까지도 이어진다.

6 라틴 교부들의 인용문에 대해서는 J. Lionel North, "The Use of the Latin Fathers for New Testament Textual Criticism," in *The Text of the New Testament in Contemporary Research*, Eldon J. Epp(ed.)(Grand Rapids: William B. Eerdmans Publishing Company, 1995), 208–223을 보라.

7 헬라 교부들의 인용문에 대해서는 Gordon Fee, "The Use of the Greek Fathers for New Testament Textual Criticism," in *The Text of the New Testament in Contemporary Research*, Eldon J. Epp(ed.)(Grand Rapids: William B. Eerdmans Publishing Company, 1995), 191–207을 보라.

8 시리아 교부들의 인용문에 대해서는 Sebastian P. Brock, "The Use of the Syriac Fathers for New Testament Textual Criticism," in *The Text of the New Testament in Contemporary Research*, Eldon J. Epp(ed.)(Grand Rapids: William B. Eerdmans Publishing Company, 1995), 224-236을 보라.

9 B. Aland, "Die Rezeption des neutestamentlichen Textes in den ersten Jahr-hunderten," in *The New Testament in Early Christianity*, J. M. Servin(ed.), BEThL 86(Louven: Univ. Press, 1989), 1-38을 보라. 바바라 알란트에 따르면, 신약성서는 2세기 중엽에 이르러서야 서서히 권위 있는 문서로 여겨지게 되며, 이때부터 성서 사본을 인용하기 시작하였다.

● 제7장 두루마리에서 코덱스로

1 코덱스에 대한 연구 및 자세한 논의에 대해서는 다음의 책을 참고하라. Colin H. Roberts/T.C. Skeat, *The Birth of the Codex*(London/New York: Oxford University Press, 1983); Harry Y. Gamble, *Books and Readers in the Early Church: a History of Early Christian Texts*(New Haven: Yale Univ. Press, 1995).

2 1946년 12월 처음으로 사본이 발견된 후, 반세기가 흐른 오늘날까지도 쿰란 사본에 대한 관심과 연구는 식을 줄을 모른다. 우리나라에서도 쿰란에 대한 연구 업적이 봇물처럼 쏟아져 나오고 있다. 또한 쿰란에 대한 세계적인 권위자인 시카고 대학의 고대근동학과 교수 노만 골브(Norman Golb)는 2005년 12월 한국을 방문하여 각각 "키르벳 쿰란의 수수께끼와 유대 사막에서 발견된 두루마리와의 관계"(한국신학정보연구원 주최)와 "사해문서와 기원후 70년 예루살렘"(서울대학교 주최)과 "유대교와 그리

스도교에 있어서 사해사본의 중요성"(이스라엘 대사관 주최)이라는 제목으로 논문을 발표하였다. 또 2007년 12월에는 임마누엘 토브(I. Tov), 브루스 주커만(B. Zuckermann), 푸에쉬(E. Puech) 등 세계적인 쿰란 전문가들이 우리나라에 와서 한 주간에 걸쳐 우리나라의 대표적인 쿰란 학자들과 함께 사해 사본에 대한 논문들을 발표하였다. 그리고 이에 맞춰 우리나라에서 처음으로 사해 사본이 전시되기도 하였다.

3 와디 쿰란(Wadi Qumran)에서 가까운 11개의 동굴에서 수많은 사본 조각이 발견되었는데, 모두 930개 정도의 두루마리 사본들이었다. 이 가운데 히브리어 성서 사본은 약 200개이다. 이것들을 좁은 의미에서의 쿰란 사본이라고 부른다. 와디 쿰란 지역 외에서도 많은 사본들이 발견되었는데, 그 장소들은 나할 헤베르(Nahal Hebver), 나할 제엘림(Nahal Seelim), 와디 무라바앗(Wadi Murabba'at), 와디 스데이르(Wadi Sdeir), 나할 미쉬마르(Nahal Mishmar), 그리고 마사다(Masada) 정상 등이다. 이것들을 넓은 의미의 쿰란 사본이라고 하는 경우도 있지만, 사해 사본이라고 하는 것이 적절할 것이다. 사해 문서의 발견에 대한 소개로는 P. R. Davies/G. J. Brooke/P. R. Callaway, *The Complete World of the Dead Sea Scrolls* (London: Thames & Hudson, 2002)를 보라.

4 코덱스 형태가 아닌 네 개의 파피루스 사본은 𝔓12, 𝔓13, 𝔓18, 𝔓22이다. 파피루스 사본 13번의 단과 단 사이가 넓은 것으로 보아, 이것이 두루마리 사본임을 짐작할 수 있다. 그러나 이것보다도 뒷면이 공백으로 남아 있다면, 이 사본이 두루마리임을 확인할 수 있다.

5 원래 파피루스 사본 4번(𝔓4), 파피루스 사본 64번(𝔓64), 파피루스 사본 67번(𝔓67)으로 각각 독립적으로 출판되었으나, 후속 연구를 통해 이 세 사본이 하나의 코덱스에서 나온 것으로 추정되면서, 세 사본은 하나의 사본으로 취급된다.(𝔓4/64/67)

6 그리스-로마 세계에서 두루마리와 코덱스의 비율에 대한 정확한 정보를 얻고자 한다면, Colin H. Roberts/T. C. Skeat, *The Birth of the Codex* (London/New York: Oxford University Press, 1983), 37의 표를 참고하라.

7 2-3세기의 성서 코덱스 사본의 크기는 상대적으로 작았다. 바티칸 사본이라든지 시내 사본 같은 대형 코덱스가 나타나기 시작한 것은 4세기 이후이다. 초기 코덱스의 형태에 관심이 있으면, E. G. Turner, *The Typology of the Early Codex*(Philadelphia: University of Pennsylvania Press, 1977)을 보라.

8 이 가설은 카츠(Peter Katz)가 이미 50여 년 전에 발표한 것이다. Peter Katz, "The Early Christian Use of Codices Instead of Rolls," *Journal of Theological Studies* 44(1945): 63-65를 보라.

제8장 인쇄본의 역사

1 구텐베르크에 대한 자세한 이야기를 접하고 싶다면, 존 맨, 남경태 옮김, 『구텐베르크 혁명』(서울: 예지, 2003)을 보라. 구텐베르크의 생애뿐만 아니라, 그가 발명한 인쇄 기술이 서구 사회에 얼마나 큰 변화를 일으켰는지, 특별히 종교개혁에 얼마나 직접적인 영향을 끼쳤는지를 잘 설명하고 있다.

2 공식 명칭은 『백운화상초록불조직지심체요절』(白雲和尙抄錄佛祖直指心體要節)이다.

3 물론 에라스무스도 처음에는 신학을 공부하였고, 가톨릭 교회의 사제가 되었지만, 훗날 로마 가톨릭을 강하게 비판하면서 결국 성직마저 포기하게 된다. 마르틴 루터(Martin Luther)가 종교개혁을 일으켰을 때, 처음에

는 종교개혁운동을 지지하였지만, 그와도 결국은 결별한다. 에라스무스의 생애와 사상 등을 소개하는 우리말 번역본이 여럿 있다. 그 가운데 둘을 소개한다. 안톤 J. 가일, 정초일 옮김, 『에라스무스』(서울: 한길사, 1998); 슈테판 츠바이크, 정민영 옮김, 『에라스무스: 위대한 인문주의자의 승리와 비극』(서울: 자작나무, 1997)을 보라.

4 스페인의 주교 히메네스는 우리나라에 많이 소개되지는 않았다. John C. Olin, *Catholic Reform: From Cardinal Ximenes to the Council of Trent, 1495-1563: An Essay with Illustrative Documents and a Brief Study of St. Ignatius Loyola*(New York: Fordham University Press, 1990)을 참고하라. 2장(61-64)에는 히메네스의 성서의 서문이 실려 있기도 하다.

5 K. Aland/B. Aland, *Der Text des Neuen Testaments*, 14.

6 라틴어 사본들 가운데에는 F, S, ϕ 등에 "생명의 책"으로 되어 있다. 이 이문에 대해서는 『불가타』 비평본을 참조하라. Robertus Weber et all (edd.), *Biblia Sacra: Iuxta Vulgatam Versionem*, vierte, verbesserte Auflage(Stuttgart: Deutsche Bibelgesellschaft, 1994). 이 이문을 증거하는 사본들 가운데 6세기의 라틴어 사본인 F(풀다 사본)는 현존하는 가장 오래된 『불가타』 사본으로 알려져 있다. 매우 초기부터 『불가타』 전승에 이 이문이 유입되었음을 알 수 있다.

7 신약성서 편집본의 역사에 대한 개괄적인 설명은 민경식, "신약성서 본문비평의 최근 동향," 「성경원문연구」 11호(2002): 50-67을 참고하라.

8 물론 비잔틴 계열의 본문이 발전하기 시작한 것은 4세기경이다. 그런데 이 본문이 하나의 본문 형태로 발전하기까지는 매우 긴 세월이 걸렸다. 10세기에 이르러서야 하나의 본문 형태로 정착되었던 것이다. 비잔틴 본문의 기원과 발전에 관하여 깊이 연구한 사람은 독일 뮌스터에 있는 신약성서본문연구소의 책임연구원인 박흐텔이다. 그의 책을 참고하라.

Klaus Wachtel, *Der Byzantinische Text der katholischen Briefe : eine Untersuchung zur Entstehung der Koine des Neuen Testaments* (Berlin/New York : Walter de Gruyter, 1995).

9 공식 명칭은 *Novum Testamentum Graece*이다.

10 *Greek New Testament*, 4th ed.(Stuttgart : Deutsche Bibelgesellschaft, 1994). 이 성서의 편집자들은 독일의 Barbara Aland와 Kurt Aland, 그리스의 Johannes Karavidopoulos, 이탈리아의 Carlo M. Martini, 미국의 Bruce M. Metzger이다.

11 『새번역』의 경우이다. 『개역개정』에는 다음과 같이 되어 있다. "어떤 사본에, '34. 실라는 그들과 함께 유하기를 작정하고'가 있고 또 '35. 바울과 바나바'라 하였음."

12 대문자 사본 가운데는 5세기의 에브라임 재생 사본이 이와 비슷하게 되어 있고, 소문자 사본 가운데는 33번, 36번, 323번, 453번, 614번, 1175번 1739번, 1891번 등이 이렇게 되어 있다. 그 외에도 몇몇 고대 번역본이 이와 같이 되어 있다.

13 5세기의 대문자 사본인 베자 사본이 이렇게 되어 있다. 또한 몇몇 고대 라틴어 번역본에도 이와 같은 이문이 있다.

14 몇몇 고대 라틴어 번역본에 이렇게 되어 있다.

15 7세기의 파피루스 사본 74번, 4세기의 대문자 사본인 시내 사본과 바티칸 사본, 5세기의 대문자 사본인 알렉산드리아 사본 등에는 34절이 아예 빠져 있다. 또한 대다수의 소문자 사본에도 이 구절이 나타나지 않는다. 물론 고대 번역본들 가운데서도 이 구절이 없는 사본들이 있다.

● 제9장 나오면서

1 이미 요한복음 20장 30-31절에서 우리는 요한복음의 끝을 발견할 수 있다. "예수께서는 제자들 앞에서 이 책에 기록하지 않은 다른 표징도 많이 행하셨다. 그런데 여기에 이것이나마 기록한 목적은, 여러분으로 하여금 예수가 그리스도요 하나님의 아들이심을 믿게 하고, 또 그렇게 믿어서 그의 이름으로 생명을 얻게 하려는 것이다."(『새번역』) 물론 21장의 저자와 1-20장의 저자가 같은지, 또 언제 첨가되었는지, 21장이 첨가된 목적은 무엇인지 등의 문제가 제시될 수 있겠지만, 여기서는 21장이 1-20장과는 분명히 구분되는 후대의 첨가라는 사실만을 언급하는 것으로 충분할 것이다. 요한복음 21장의 첨가에 대한 창의적이고 설득력 있는 해석에 대해서는 서중석, "요한복음서의 베드로와 애제자," 『복음서해석』(서울: 대한기독교서회, 1991), 265-288. 특히 '결어'(287-288) 부분을 보라. 그는 21장을 "요한공동체의 연합파에서 산출된"(287) "베드로계 멤버들을 의식한 일종의 협상용 문서"(288)로서 "요한공동체의 탁월한 지도자였던 애제자가 죽은 후에 기록된 것"(287)으로 설득력 있게 주장하고 있다.

2 Barbara Aland/Kurt Aland/Johannes Karavidopoulos/Carlo M. Martini/Bruce M. Metzger, *Greek New Testament*, 4th ed.(Stuttgart: Deutsche Bibelgesellschaft, 1994). 또는 Barbara Aland/Kurt Aland/Johannes Karavidopoulos/Carlo M. Martini/Bruce M. Metzger, *Novum Testamentum Graece*, 27th ed.(Stuttgart: Deutsche Bibelgesellschaft, 1994). 후자의 책은 곧 디지털 형태로 28판이 나올 예정이다.

3 『대비평본』(*Novum Testamentum Graecum: Editio Critica Maior*)은 현재까지 야고보서(1997)와 베드로전·후서(2000), 요한1서(2003), 그리고 요한 2, 3서(2005)만이 출판되었다. 이에 대한 소개로는 B. Aland, "Die

Edition Critica Maior des Neuen Testament: Ihre Anlage, ihre Aufgabe, die neu entwickelten Methoden des Textkritik," 「성경원문연구」 7(2000): 7-23을 보라. 같은 호에 번역문이 함께 실려 있다.("신약성서 대비평본—그 구조와 과제, 새로 개발된 본문비평 방법")

○ 참고문헌 ○

Aland, B. "Die Rezeption des neutestamentlichen Textes in den ersten Jahrhunderten." *The New Testament in Early Christianity*, BEThL 86. J. M. Servin(ed.). Louven: Univ. Press, 1989, 1-38.

______. "Die Edition Critica Maior des Neuen Testament: Ihre Anlage, ihre Aufgabe, die neu entwickelten Methoden des Textkritik." 「성경원문연구」 7(2000): 7-23.

______. "Kriterien zur Beurteilung kleinerer Papyrusfragmente des Neuen Testaments." *New Testament Textual Criticism and Exegesis: Festschrift J. Delobel*, BEThL 161. A. Denaux, Leuven(ed.). Leuven: University Press & Peeters, 2002, 1-13.

______. "Der textkritische und textgeschichtliche Nutzen früher Papyri, demonstriert am Johannesevangelium." *Recent Developments in Textual Criticism: New Testament, Early-Christian and Jewish Literature: Papers Read at a Noster Conference in Münster, January 4-6, 2001*. W. Weren /D.-A. Koch(edd.). StTR 8, Assen, 2003, 19-38.

Aland, B./Aland, K./Mink, G./Wachtel, K.(edd.). *Novum Testamentum Graecum: Editio Critica Maior*, IV: Die katholischen Briefe, 1. Lieferung: Der Jakobusbrief, Stuttgart: Deutsche Bibelgesellschaft,

1997; 2. Lieferung: Die Petrusbriefe, 2000; 3. Lieferung: Der erste Johannesbrief, 2003; 4. Lieferung: Der zweite und dritte Johannesbrief, 2005.

Aland, K. "The Significance of the Papyri for Progress in New Testament Research." *The Bible in Modern Scholarship: Papers Read at the 100th Meeting of the Society of Biblical Literature, December 28–30, 1964.* J. P. Hyatt (ed.). Nashville/New York, 1965, 325–346.

______. *Kurzgefasste Liste der griechischen Handschriften des neuen Testaments*, zweite, neubearbeitete und ergänzte Aufl. Berlin/New York: Walter de Gruyter, ^{2}1994.

Aland, K./Aland, B. *Der Text des Neuen Testaments: Einführung in die wissenschaftlichen Ausgaben und in Theorie wie Praxis der modernen Textkritik*, 2. Aufl. Stuttgart: Deutsche Bibelgesellschaft, ^{2}1989.

Aland B./Wachtel, K. "The Greek Minuscule Manuscripts of the New Testament." *The Text of the New Testament in Contemporary Research.* Eldon J. Epp(ed.). Grand Rapids: William B. Eerdmans Publishing Company, 1995, 43–60.

Aland, B./Aland, K./Karavidopoulos, J./Martini, C. M./Metzger, B. M. *Greek New Testament*, 4th ed. Stuttgart: Deutsche Bibelgesellschaft, 1994.

______. *Novum Testamentum Graece*, 27th ed. Stuttgart: Deutsche Bibelgesellschaft, 1994.

Blass, F./Debrunner, A. *Grammatik des neutestamentlichen Griechisch*, 18. Aufl. Bearbeitet von F. Rehkopf. Göttingen: Vandenhoeck & Ruprecht, 2001.

Brock, S. P. "The Use of the Syriac Fathers for New Testament Textual Criticism." *The Text of the New Testament in Contemporary Research*. Eldon J. Epp(ed.). Grand Rapids: William B. Eerdmans Publishing Company, 1995, 224–236.

Caumpenhausen, H. F. v. *Die Entstehung der christlichen Bibel*. Tübingen: J.C.B. Mohr, 1968.

Davies, P. R./Brooke, G. J./Callaway, P. R. *The Complete World of the Dead Sea Scrolls*. London: Thames & Hudson, 2002.

Delobel, J. "The Text of Luke-Acts: A Confrontation of Recent Theories." *The Unity of Luke-Acts*. J. Verheyden(ed.). Leuven: Leuven University Press, 1999, 83–107.

Ehrman, B. D. *The Orthodox Corruption of Scripture: The Effect of Early Christological Controversies on the Text of the New Testament*. New York: Oxford University Press, 1993.

Epp, E. J. "Textual Criticism(NT)." *Anchor Bible Dictionary*, vol. 6. New York: Doubleday, 1992, 412–435.

______. "The Significance of the Papyri for Determining the Nature of the New Testament Text in the Second Century: A Dynamic View of Textual Transmission." E. J. Epp/G. D. Fee(edd.). *Studies in the Theory and Method of New Testament Textual Criticism*. Studies and Documents 45. Grand Rapids: Eerdmans, 1993, 274–297.

Fee, G. D. *Papyrus Bodmer II(P^{66}): Its Textual Relationships and Scribal Characteristics*. Studies and Documents 34. Salt Lake City: University of Utah Press, 1968.

______. "P^{75}, P^{66} and Origen: The Myth of Early Textual Recension in

Alexandria." *Studies in the Theory and Method of New Testament Textual Criticism*. Studies and Documents 45. E. J. Epp/G. D. Fee(edd.). Grand Rapids: Eerdmans, 1993, 247–273.

______. "The Use of the Greek Fathers for New Testament Textual Criticism." *The Text of the New Testament in Contemporary Research*. Eldon J. Epp(ed.). Grand Rapids: William B. Eerdmans Publishing Company, 1995, 191–207.

Gamble, H. Y. *Books and Readers in the Early Church: a History of Early Christian Texts*. New Haven: Yale Univ. Press, 1995.

Hurtado, L. A. *Text-Critical Methodology and the Pre-Caesarean Text: Codex W in the Gospel of Mark*. Studies and Documents 43. Grand Rapids: Eerdmans, 1981.

Kasser, R/Meyer, M./Wurst, G.(edd.). *The Gospel of Judas*. Additional Commentary by Bart D. Ehrman. Washington D. C.: National Geographic Society, 2006.

Katz, P. "The Early Christian Use of Codices Instead of Rolls." *Journal of Theological Studies* 44(1945): 63–65.

Köhler, W.-D. *Die Rezeption des Matthäusevangeliums in der Zeit vor Irenäus*. Tübingen: Mohr, 1987.

Martini, C. M. *Il problema della recensionalità del papiro Bodmer XIV*. Analecta Biblica 26. Rome: Biblical Institute Press, 1966.

McCant, J. W. "Gospel of Peter: Docetism Reconsidered." *NTS* 30(1984): 258–273.

Metzger, B. M. *The Early Versions of the New Testament: Their Origin, Transmission, and Limitations*. Oxford: Clarendon Press, 1977.

______. *The Canon of the New Testament: It's Origin, Development, and Significance*. Oxford: Clarendon Press, 1987.

______. *Manuscripts of the Greek Bible: an Introduction to Greek Palaeography*. New York: Oxford University Press, 1991.

Metzger, B. M./Ehrman, B. D. *The Text of the New Testament: Its Transmission, Corruption, and Restoration*, 4th ed. New York: Oxford University Press, [4]2005.

Millard, A. *Reading and Writing in the Time of Jesus*. New York: New York Univ. Press, 2000.

Min, Kyoung Shik. *Die früheste Überlieferung des Matthäusevangeliums (bis 3.-4. Jh.)*. Berlin/New York: Walter de Gruyter, 2005.

North, J. L. "The Use of the Latin Fathers for New Testament Textual Criticism." *The Text of the New Testament in Contemporary Research*. Eldon J. Epp(ed.). Grand Rapids: William B. Eerdmans Publishing Company, 1995, 208-223.

Olin, J. C. *Catholic Reform: From Cardinal Ximenes to the Council of Trent, 1495-1563: An Essay with Illustrative Documents and a Brief Study of St. Ignatius Loyola*. New York: Fordham University Press, 1990.

Orma, M. V. et. all. "Application of Infrared Microspectrocopy to Art Historical Questions about Medieval Manuscripts." *ArchCh* 4(1988): 270-288.

Osburn, C. D. "The Greek Lectionaries of the New Testament." *The Text of the New Testament in Contemporary Research*. Eldon J. Epp(ed.). Grand Rapids: Eerdmans Publishing Company, 1995, 61-74.

Reed, R. *The Nature and Making of Parchment*. Leeds: Elmete Press, 1975.

Roberts, C. H. *Manuscript, Society and Belief in Early Christian Egypt*. London: Oxford Univ. Press, 1979.

Roberts, C. H./Skeat, T. C. *The Birth of the Codex*. London/New York: Oxford University Press, 1983.

Robinson, J. M. *The Secrets of Judas: The Story of the Misunderstood Disciple and His Lost Gospel*. New York: Harper San Francisco, 2006.

Schneemelcher, W. *Neutestamentlichen Apokryphen*, 6. Aufl. I: Evangelien. Tübingen: Mohr, ^{6}1990.

Skeat, T. "Sinaiticus, Vaticanus, and Constantine." *Journal of Theological Studies*, NS 50(1999): 583-625.

Streeter, B. H. *The Four Gospels: A Study of Origins, Treating of the Manuscript Tradition, Sources, Authorship, and Dages*. London: Macmillan, 1924.

Trobisch, D. *Die Endredaktion des Neuen Testaments: Eine Untersuchung zur Entstehung der christlichen Bibel*. Novum Testamentumet Orbis Antiquus 31. Freiburg(Schweiz): Academic Press, 1996.

Turner, E. G. *The Typology of the Early Codex*. Philadelphia: University of Pennsylvania Press, 1977.

Wachtel, K. *Der Byzantinische Text der katholischen Briefe: eine Untersuchung zur Entstehung der Koine des Neuen Testaments*. Berlin/New York: Walter de Gruyter, 1995.

______. "Zur Entstehung und Ausbreitung von Varianten in der handschriftlichen Überlieferung des Neuen Testaments." *Münstersches Logbuch zur Linguistik 6: Philologische Beiträge*

(1999): 79-93.

Weber R. et. all.(edd.). *Biblia Sacra: Iuxta Vulgatam Versionem*. vierte, verbesserte Auflage. Stuttgart: Deutsche Bibelgesellschaft, 1994.

Westcott B. F/Hort, F. J. A. *The New Testament in Original Greek*. vol. I. Cambridge/London: Macmillian, 1881.

가일, 안톤 J. 정초일 옮김. 『에라스무스』. 서울: 한길사, 1998.

맨, 존. 남경태 옮김. 『구텐베르크 혁명』. 서울: 예지, 2003.

메츠거, B. M. 장동수 옮김. 『신약 그리스어 본문주석』. 서울: 대한성서공회, 2005.

민경식. "신약성서 본문비평의 최근 동향." 「성경원문연구」 11호(2002): 50-67.

_____. "초기 신약성서 단편 사본 연구방법에 대한 고찰." 「신약논단」 12권(2005): 157-196.

_____. "마태복음서 21장 44절과 𝔓104(P. Oxy. 4404)." 「종교와 문화」 11호(2005): 105-118.

_____. "옥시링쿠스 파피루스의 가치와 전망." 「성서원문연구」 22호(2008): 7-21.

서중석. 『복음서해석』. 서울: 대한기독교서회, 1991.

장동수. 『신약성서 사본과 정경: 헬라어에서 한글까지』. 대전: 침례신학대학교 출판부, 2005.

츠바이크, 슈테판. 정민영 옮김. 『에라스무스: 위대한 인문주의자의 승리와 비극』. 서울: 자작나무, 1997.

하성수/강지숙 (편저). 『그리스어 문법』. 경북: 분도출판사, 2005.

히뽈리뚜스. 이형우 옮김. 『사도전승』. 서울: 분도출판사, 1992.